中小学学科文化系列丛书

数学百草园 I

曹松峰 著

中原出版传媒集团
中原传媒股份公司

大象出版社
·郑州·

图书在版编目(CIP)数据

数学百草园. Ⅰ / 曹松峰著.— 郑州 : 大象出版社, 2019. 6
(中小学学科文化系列丛书)
ISBN 978-7-5711-0000-1

Ⅰ. ①数… Ⅱ. ①曹… Ⅲ. ①数学课—中小学—课外读物 Ⅳ. ①G634. 603

中国版本图书馆 CIP 数据核字(2018)第 266571 号

中小学学科文化系列丛书
数学百草园Ⅰ
SHUXUE BAICAOYUAN Ⅰ
曹松峰 著

出 版 人 王刘纯
策　　划 董中山
责任编辑 陈康迪
责任校对 张迎娟
装帧设计 刘　民

出版发行 大象出版社(郑州市郑东新区祥盛街 27 号　邮政编码 450016)
发行科　0371-63863551　总编室　0371-65597936
网　　址 www.daxiang.cn
印　　刷 新乡市龙泉印务有限公司
经　　销 各地新华书店经销
开　　本 787mm×1092mm　1/16
印　　张 8
字　　数 127 千字
版　　次 2019 年 6 月第 1 版　2019 年 6 月第 1 次印刷
定　　价 20.00 元

印厂地址　河南省新乡经济开发区中央大道中段
邮政编码　453731　电话　0373-5590988

写在前面的话

亲爱的读者朋友：

怎样才能学会、会学数学？

学数学有什么用？

什么是数学文化？

什么是数学的核心素养？

……

说实在的，“60后”的我，也有许多这样的困惑与迷茫.因此，约请大家共同探讨这些问题就是我编写这套书的初衷.

众所周知，兴趣是最好的老师.要想学好数学，首先，需要培养和发展自己对数学的兴趣，需要对数学具有积极的情感态度.为此，就应从了解数学开始——了解数学的“前世今生”，了解数学的产生、发展历程.这样，数学就不再是抽象符号的冰冷架构，而是有血有肉、可知可交的朋友.

当然,学习是一种艰苦的劳动.兴趣的保持和发展需要实事求是的科学态度和坚韧不拔的毅力做支撑.在漫长的数学发展过程中,有多少古今中外的数学先辈前赴后继,不屈不挠,为探求数学王国的奥秘付出了艰辛的劳动,投入了毕生的精力.讲好这些故事,有助于我们珍爱这些来之不易的果实,担负起推动数学发展的责任.

数学是一种文化.数学文化是人类文明的重要组成部分.数学文化的核心是思维能力,是逻辑思维能力,是人们对周围世界、现实生活的理性思考.在信息多元、知识爆炸的今天,弘扬数学文化就显得尤为重要.这就要求我们,在掌握知识、技能的基础上,努力体悟数学的通性通法,逐步掌握抽象、推理、模型等数学的基本精神,以及由此派生出来的重要思想方法.

数学核心素养是近一个时期的“热词”.目前大家形成的初步共识是:数学核心素养是人们通过数学教育以及自身的实践和认知活动所获得的数学基础知识、基本技能、数学思想和观念,以及由此形成的数学思维品质和解决问题能力的总和.数学学习的根本目的在于,会用数学的眼光观察现实世界,会用数学的思维思考现实世界,会用数学的语言表达现实世界.

《数学百草园》力求用通俗易懂的语言、丰富的数学史实,讲述古今中外数学家的生动故事,使大家跨越时空,与他们相知相识;展示五千年的中华文明对世界数学发展的巨大贡献,感悟中华传统文化的博大精深,增强我们的文化自信;沟通数学与其他学科的内在联系,展示数学在现实生活中的广泛应用,丰富学生的数学活动经验;将针对教材中限于篇幅尚未展开但又十分重要的内容进行科学的归纳梳理和延伸拓展,引领同学们领略课堂以外数学的精彩世界，满足不同层次学生的学习需求；深入浅出地揭示数学知识中蕴含的思想内涵，为提升同学们的数学核心素养提供力所能及的帮助.

《数学百草园》参考现行中小学数学主流教材的内容编排，统筹设计各册内容，可作为初中学生的课外读物和教师的教学参考资料，也适合数学爱好者阅读.《数学百草园Ⅰ》为该套书的第一册.由于知识的快速更新及作者的学识所限，书中难免会有不当之处，敬请各位读者朋友批评、指正.

曹松峰

2018年10月

目录

《九章算术》与数学家刘徽

《九章算术》是中国传统数学最重要的著作，奠定了中国传统数学的基本框架.它系统总结了我国先秦到东汉初年的数学成就.经多次增补，特别是西汉时期许多人的增补，至迟在公元1世纪时，已有了现传本的内容.全书分九章.

第一章：分数四则运算和平面图形求积法.

第二章：粮食交易的计算办法.

第三章：分配比例的算法.

第四章：开平方和开立方法.

第五章：立体图形求积法.

第六章：管理粮食运输均匀负担计算法.

第七章：盈亏类问题解法，也涉及能够运用这种解法处理的其他类型的算术问题.例如，有一个这样的题目："若干个商人买货物若干，如果每个商人付七个钱币，那么还缺四个钱币；如果每个商人付八个钱币，那么又多余三个钱币.要求商人数和钱币数各是多少."

第八章：一次方程组的解法，并阐明利用加法和减法的情况.其中有一题："五头牛和两只绵羊共值十贯，而两头牛和五只绵羊共值八贯.需要知道一头牛和一只绵羊的价格."

第九章：勾股定理的应用和简单的测量问题的解法.

《九章算术》中的负数、分数计算，一次方程组解法等都是具有世界意义的成就.它是世界数学发展史上的宝贵遗产，已被译成多种文字.

我国魏晋时期的大数学家刘徽在经过多年潜心研究的基础上，对《九章算术》中一些结论加以完善并进行严密的逻辑证明，对一些概念分门别类并给出确切而又严格的定义，全面、系统地注释《九章算术》，使这部中国古代数学专著更加充实完整了.

刘徽在研究、注解《九章算术》时，提出了很多创见，尤其是用“割圆术”来计算圆周率 π 的方法，是他的一大发明创造. 在这之前，人们都把 π 取作 3，即所谓的“周三径一为率”. 刘徽认为，把 π 取作 3 在一些实际计算中的误差太大，会给日常生产生活带来诸多不便. 为了取得更精确的 π 值，刘徽在《割圆术》中用独特的方法对 π 进行研究. 他首先从圆内接正六边形的面积算起，然后将边数一倍一倍地增加. 这样，正多边形的面积就逐渐逼近圆的面积了. 如果取圆的半径等于 1，那么这些正多边形的面积的数值就逐渐逼近圆周率 π（要多么接近就可以多么接近，但始终达不到它），按照刘徽的说法，就是：“割之弥细，所失弥少，割之又割，以至不可割，则与圆周合体而无所失矣”（总会有所失，这种说法有片面性）. 刘徽计算到圆内接正 192 边形时，得到圆周率 π 的近似值是 $\frac{157}{50}=3.14$，计算到圆内接正 3072 边形时，取 $\pi=\frac{3927}{1250}=3.1416$.

显然，刘徽当时已有了极限思想. 当然，早在公元前 4 世纪的著作《庄子 · 天下》中就已反映出极限思想，其中最著名的是“一尺之棰，日取其半，万世不竭”. 刘徽只是首次把《庄子》的极限思想应用于圆的面积的计算，通过已知的（圆内接正多边形的面积）去逼近未知的（圆的面积）. 他把圆看作边数无限多的正多边形，而边数有限的正多边形的面积是已知的、可求的. 这样一来，就可以用有限来逼近无限了. 这种思考问题的方法对后人探求数学规律产生了很大的影响. 南北朝时期的数学家祖暅就是在刘徽的思想方法启发下，推导出了球的体积公式：$V=\frac{4}{3}\pi r^3$（r 为球的半径）. 元代数学家赵友钦的割圆术在刘徽方法的基础上有了新的进展. 他从圆的内接正方形算起，让边数逐次加倍，依次算出各内接正多边形的周长，一直算到 16384 边形，得出 3.141592 这一圆周率的不足近似值，从而证得 $\frac{355}{113}$ 是圆周率的各近似值中较为精确的一个. 赵友钦还指出，可以求出更为精确的圆周率值，永无止境.

整数多项式表示法的应用

暑假期间，萧萧和爸爸、妈妈一家三口人乘火车到海滨城市度假.坐在匀速行驶的列车上，萧萧突发奇想，开口问道："爸爸，您能告诉我这列火车现在的速度是多少吗？"爸爸略加思考后告诉她："火车的速度是多少我也不知道，但可以告诉你，第一次我往车窗外看时，恰好看见了里程碑上的数是一个两位数；过了20分，再往车窗外一看，看见了里程碑上的数刚好是原来那个两位数交换了前后的位置；又过了20分，我再往车窗外一看，这时，里程碑上的数是个三位数，而且恰好是第一次看到的两位数的中间多了一个0.现在请你想一想，火车的速度到底是多少？"

萧萧开始思考解决爸爸提出的问题：设爸爸第一次看到的里程碑上两位数的十位数是 x，个位数是 y，则第一次看到的数是 $10x+y$，20分后看到的两位数是 $10y+x$，又过20分后看到的三位数是 $100x+y$.从而可知：第一个20分，火车行驶的路程是 $(10y+x)-(10x+y)=9y-9x$；第二个20分，火车行驶的路程是 $(100x+y)-(10y+x)=99x-9y$.由于火车是匀速行驶的，故 $9y-9x=99x-9y$，整理，得 $y=6x$.因为 x,y 是小于10的正整数，所以 $x=1,y=6$.于是，火车20分行驶的路程是 $61-16=45$(千米)，火车的速度是135千米/时.看到这个结果，爸爸点头称是.

不难看出，在上面的设元、列式过程中，萧萧使用了整数的多项式表示法.一般地，一个十进制的 $(n+1)$ 位正整数 N 可以写成 $N=a_n\times10^n+a_{n-1}\times10^{n-1}+\cdots+a_1\times10+a_0$ 的形式，其中 a_i 是整数，$0\leqslant a_i\leqslant9(i=0,1,2,\cdots,n)$，且 $a_n\neq0$.这里，整数最左边的一位数字 a_n 叫做它的首位数字，最右边的一位数字 a_0 叫做它的末位数字.如上面的例子，当涉及自然数的题目中给出原数与互换数字后的新数之间的关系或有关各位数字的题设时，使用整数的多项式表示法常常可以使若明若暗的已知条件进一步明朗化，为问题的求解铺平道路.下面再看几个例子.

例 1 计算：$20172018\times20182017-20172017\times20182018=$__________.

解析：原式 $=(2017\times10^4+2018)\times(2018\times10^4+2017)-(2017\times10^4+2017)\times(2018\times10^4+2018)=2017\times2018\times(10^4)^2+2017^2\times10^4+2018^2\times10^4+2018\times2017-2017\times2018\times(10^4)^2-2017\times2018\times10^4-2017\times2018\times10^4-2017\times2018=2017\times10^4\times(2017-2018)+2018\times10^4\times(2018-2017)=(2018-2017)\times10^4=10^4$.

若设 $2017=a$，则 $2018=a+1$，用字母代替数，运算过程将会比较简单明了.大家不妨试一试.

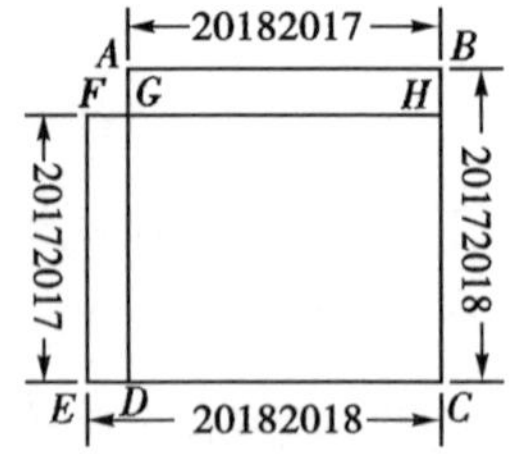

图 1

进一步来看，题设算式酷似两个矩形面积之差.于是，可构造如图 1 所示的矩形 $ABCD$ 和矩形 $FHCE$，即把算式转化成求小矩形 $ABHG$ 与小矩形 $FGDE$ 的面积之差（两个小矩形的宽均为 1）.原式 $=20182017\times1-20172017\times1=10^4$.

例 2 **试证明**：一个六位自然数 N，如果它的前半部分三位数字与后半部分三位数字完全相同，顺序也相同，则 7，11，13 必为此六位数的约数.

解析：由于 7，11，13 都是质数，且 $7\times11\times13=1001$，所以本题无非是要证明 N 能被 1001 整除，而依题意，应有 $N=\overline{xyzxyz}=\overline{xyz000}+\overline{xyz}=\overline{xyz}\times1000+\overline{xyz}=\overline{xyz}\times1001$.故结论获证.（注：上方画线部分的字母和数字看作一个整体，下题同）

这种证法不拘泥于各位数字的推算，紧扣“前半部分三位数字与后半部分三位数字完全相同”的条件，由整体入手设元列式，从而使问题迎刃而解.

例 3 两位数 $\overline{xy}$（这里 x，y 分别表示十位数字与个位数字，下一处同），减去互换位置后的自然数 $\overline{yx}$，所得的差恰好是某自然数的立方，这样的两位数共有________个.

解析：由题意，可设 $(10x+y)-(10y+x)=n^3$（n 为自然数），即 $9(x-y)=n^3$.显然，$x-y$ 中应含有 3 这个质因数，而 $0\leqslant x-y\leqslant9$，$\therefore$ $x-y=3$.取 $x=3,4,5,6,7,8,9$，得 $y=0,1,2,3,4,5,6$（此时，$n^3=27$），分别组成满足条件的两位数有 30，41，52，63，74，85，96，共 7 个.

从“哪些灯还亮着”谈起

有排成一横行的一百盏电灯，自左至右编号依次为1,2,3,…,99,100.每一盏灯由一个拉线开关控制着，最初都关着.假设有一百个学生，第一个学生走过来，把凡是号码是1的倍数的电灯开关拉了一下；接着，第二个学生也走过来，把凡是号码是2的倍数的电灯开关拉了一下；第三个学生再走过来，把凡是号码是3的倍数的电灯开关拉了一下；……如此下去，最后那个学生走过来，把号码能被100整除的电灯(当然仅此一个)开关拉了一下.现在的问题是：这样做过之后，哪些灯还亮着？

这简直令人眼花缭乱，不容易理出头绪，方法不当就更不得要领.正确的思路是：由于最初所有的电灯都关着，所以，开关被拉了偶数次的电灯仍然是关着的；只有那些开关被拉了奇数次的电灯才是亮着的.因此，我们只需去关注那些开关被拉了奇数次的电灯就可以了.

按照约定的法则，编号为n的电灯被拉过几次呢？这要看整数n中有多少个正因数.如果n不是完全平方数，那么n的全部正因数的个数是偶数，这盏灯被拉过偶数次，是关着的.只有当n是完全平方数时，n的全部正因数的个数是奇数，这盏灯被拉过奇数次，因此它是亮着的.

在解决上述问题中，我们领略了“完全平方数的全部正因数的个数是奇数”发挥的不可替代的作用.那么，除此之外，完全平方数还具有如下性质：(1)完全平方数的末位数字只能是0,1,4,5,6,9这6个数字之一；(2)介于两个相邻的完全平方数之间的自然数一定不是完全平方数；(3)奇数的完全平方数，其个位数字为奇数，十位数字为偶数；等等.这些简单有用的结论，都是我们判断一个自然数是否为完全平方数的重要依据.请看例子：

例1 下列数中一定不是某个自然数的平方(其中 n 为自然数)的是 (　　)

A.$3n^2-3n+3$　　B.$4n^2+4n+4$　　C.$5n^2-5n-5$

D.$7n^2-7n+7$　　E.$11n^2+11n-11$

解析:以上几个关于 n 的二次三项式的共同点是都可以提取公因数.而 $4n^2+4n+4$ 中的常数 $4=2^2$,显得与众不同.如果进一步注意到 $n^2<n^2+n+1<n^2+2n+1=(n+1)^2$,由性质(2)易知 n^2+n+1 不是完全平方数,它与 4 的乘积也不是完全平方数,故选 B.

例2 求证:11,111,1111,…都不是完全平方数.

证明:由于已知各数都是奇数,只能是奇数的完全平方数.但由性质(3)可知,它的十位数字应是偶数,而这些数的十位数字均为 1,所以它们都不是完全平方数.

例3 已知直角三角形的两直角边长分别为 p 厘米,m 厘米,斜边长为 n 厘米,且 p,m,n 均为正整数,p 为质数,证明:$2(p+m+1)$ 是完全平方数.

分析:为了配方,需要借助于勾股定理(直角三角形两直角边的平方和等于斜边的平方)进行"升次"和"消元".

证明:由 $p^2+m^2=n^2$,$p^2=(n+m)(n-m)$ 入手,结合使用 p 为质数的已知条件,得 $n+m=p^2$,$n-m=1$(即 $n=m+1$).于是,$p^2=n+m=(m+1)+m=2m+1$.$\therefore$　$2(p+m+1)=2p+2m+2=2p+p^2+1=(p+1)^2$,故结论获证.

例4 若 x 与 y 都是自然数,试证:x^2+y+1 和 y^2+4x+3 的值不能都是完全平方数.

分析:本题就是要证明对任意自然数 x,y,两个代数式中至少有一个不是完全平方数.由于 x,y 都是各自独立取值,所以分 $x\geqslant y$ 与 $x<y$ 两种情况讨论.

略证:若 $x\geqslant y$,x^2+y+1 不是完全平方数.同学们可仿例 1 证之.若 $x<y$,$y^2<y^2+4x+3<y^2+4y+4=(y+2)^2$.此时,(1)若 $y^2+4x+3\neq y^2+2y+1$,即 $y\neq 2x+1$,则 y^2+4x+3 不是完全平方数;(2)若 $y=2x+1$,此时,$y^2+4x+3=(y+1)^2$.但是,$(x+1)^2=x^2+2x+1<x^2+y+1<x^2+(2x+1)+3<(x+2)^2$,即 x^2+y+1 不是完全平方数.

负数的发现

早在两千年前,我们的祖先不仅已经有了负数的概念,而且逐步形成了一套完整的正负数的运算规则.《九章算术·方程章》第一次给出了负数的运算法则.负数概念的出现则比《九章算术》的记载要早一些.我们知道,古代人是用算筹来记数的,我国古代著名的数学家刘徽把两种表示相反意义的算筹分别叫做正数和负数,并规定用红色的算筹表示正数,用黑色的算筹表示负数,很形象地区分了正数和负数.用不同颜色的数表示正负数的习惯,一直保留到现在.例如,新闻媒体常用“财政赤字”表述财政支出大于财政收入的经济现象.

“负”的本来意思是亏欠、负亏.“负数”出现的初期正是与计算结果出现亏欠或者不足,以及因某种过失而受到处罚等实际生活中的事例有关,常和“少”“负”等词相联系.近百年来全国各地出土的汉代简牍中的有关例子反映了负数的这种早期形态.《九章算术·方程章》的“术文”中给出正、负数的定义是:“今两算得失相反,要令正负以名之”,即两个“得、失”相反的数分别称为正数和负数,“正”与“负”这一对术语至今沿用.在学习负数之前,数大多表示“多”与“少”,可是在我们学习负数的过程中,发现“数”不仅表示“多少”,更表示状态,具有相对性.比如,当平均数为5的时候,10就可以表示为5,0就可以表示为-5.这三个5不一样,第一个5对应着相应的物象,后两个5则是一种相对于平均数而言的状态,而且这种表示是将平均数作为0来判断的.

“术文”还用寥寥36个字,给出了正负数加减运算的规则.我们把这36个字同现在的符号对照如下:

同名相除 $(+a)-(+b)=+(a-b)$,

异名相益 $(+a)-(-b)=+(a+b)$.

正无入负之 $0-(+b)=-b$,

负无入正之 $0-(-b)=+b$.

异名相除 $(+a)+(-b)=+(a-b)$,

同名相益 $(+a)+(+b)=+(a+b)$.

正无入正之 $(+a)+0=+a$,

负无入负之 $(-a)+0=-a$.

这里的“同名”和“异名”即今天的同号和异号,“除”和“益”就是今天的减和加.

我国元初的数学家朱世杰(13 世纪)在他的《算术启蒙》一书中,已经运用现代语言对上述正负数加减规则给以表述,比如将“益”和“除”分别改成加和减,并进一步提出正负数的乘除规则:“同名相乘为正,异名相乘为负”,“同名相除所得为正,异名相除所得为负”.

由上可见,就负数的发现以及正负数运算法则的建立而言,中华民族对世界数学的发展做出了极其重大的贡献.尽管负数在数系的不断完善和发展中起着至关重要的作用,但在全球被普遍接纳却经历了十分漫长的过程.欧洲第一部完整论述负数的著作,是 1545 年卡当的《重要的艺术》.长期以来,不少西方数学家一直对负数存在的合理性持怀疑或否定态度.17 世纪法国伟大的数学家、物理学家和文学家布莱兹·帕斯卡就认为 0 减去 4 是纯粹的胡说.帕斯卡的朋友阿润德甚至提出,如果承认负数的存在,那么就有,较小的数与较大的数之比等于较大的数与较小的数之比,如 $(-1):1=1:(-1)$,这怎么可能呢?连微积分的创始人之一、大数学家莱布尼茨也认同这种说法.直到 19 世纪 30 年代,英国著名代数学家德·摩根仍旧认为负数纯属虚构.他提出了如下的问题:父亲 56 岁,其子 29 岁.那么,何时父亲年龄是儿子的 2 倍?通过设未知数 x,列方程 $56+x=2(29+x)$,可解得 $x=-2$.德·摩根称此解十分荒唐可笑.时至今日,连我们中学生也不难给出这个解的合理解释,不就是表明两年前父亲年龄是儿子年龄的 2 倍嘛!

其实,这些都是正常现象.当数的范围扩大以后,原先的说法有的被保留下来,有的没有被保留下来.在有理数的运算中,$(-1)\times3$ 还可以看作 3 个 -1 相加,但 $(-1)\times(-3)$ 就不能解释为 -3 个 -1 相加了.有人称这是负数运算的“超验性”.

幻方 ABC

把一个正方形分成 $n\times n(n=1,2,3,4,5,\cdots)$ 个小方格，将从 1 开始的 $n\times n$ 个连续自然数分别填入每个小方格中，并使各行各列和两条对角线上的数字之和彼此相等，这样一个图形就被称为一个幻方.图 1、图 2 分别是一个 3 阶幻方和 5 阶幻方的例子.

利用幻方做数学游戏，早在我国春秋战国时期就已经有了.北周时期的著名数学家甄鸾作注的《数术记遗》一书中，给出了一种填数的方法："九宫者，二四为肩，六八为足，左三右七，戴九履一，五居中央（如图 1)."由于幻方在解方程组中的应用，古今中外的一些数学爱好者对它的数学结构表现出了极大的兴趣.17 世纪初，法国著名数学家巴塞·杰·麦克里阿克在他的《以数学为基础的游戏和题目》一书中，给出了构造奇数阶幻方的"巴塞构造法".现在，我们以 3 阶幻方为例，简要介绍这种方法.

4	9	2
3	5	7
8	1	6

图 1

3	16	9	22	15
20	8	21	14	2
7	25	13	1	19
24	12	5	18	6
11	4	17	10	23

图 2

把一个正方形分成 9 个小方格，在各边中间一格的外部添加一个小虚线方格，于是得到 3 个"3 格斜行".在每个斜行上自下而上、由小到大（改变大小和方向可以吗？不妨体验一下）依次填入 1～9 各数字（如图 3).为叙述方便起见，在与数字 1 同行的相邻空格处标上▼，它关于中心格 5 的对称格标为▲.将 1 填入与▼相邻的左侧空格里，9 相应填入与▲相邻的右侧空格里，对数字 3，7 也照此办理.这样，就

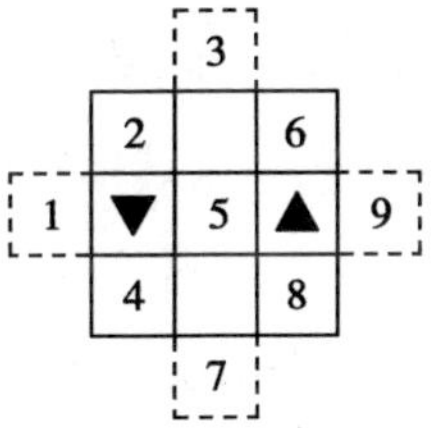

图 3

可以得到一个 3 阶幻方. 在这个幻方中,最核心位置的数只能是 5,其他 8 个数:1 和 9,2 和 8,3 和 7,4 和 6,成对出现.

同学们可以通过构造图 4 毫不费力地得到图 2 所示的一个 5 阶幻方.

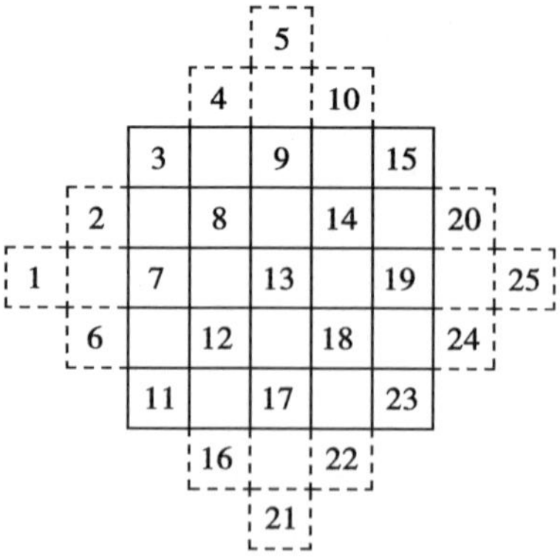

图 4

巴塞构造法并不是填写幻方的唯一方法. 例如,我们可以先从左到右,从上到下将 1~9 各数字填入各空格中[如图 5(1)],然后把周围 8 个数顺时针转动 1 格[如图 5(2)],再将位于对角的数(4 和 6,2 和 8)两两互换,就可以得到如图 5(3)所示的一个 3 阶幻方.

到目前为止,你可能会惊喜地发现,求作一个 n 阶幻方的结果并不是唯一的. 事实上,做出一个幻方后,我们可以利用转动,或列、列互换,或行、行互换,得到一些新的幻方. 如将图 1 中的幻方绕对称中心按逆时针方向接连 3 次旋转 90°,就可以依次得到图 6 中的 3 个幻方. 其他的变换方法,你想要试一试吗?

(1)

1	2	3
4	5	6
7	8	9

(2)

4	1	2
7	5	3
8	9	6

(3)

6	1	8
7	5	3
2	9	4

图 5

(1)

2	7	6
9	5	1
4	3	8

(2)

6	1	8
7	5	3
2	9	4

(3)

8	3	4
1	5	9
6	7	2

图 6

显而易见,把一组数填入 3×3 的方格中,使得每行、每列、每条对角线上的 3 个数之和相等,1,2,3,4,5,6,7,8,9 只是满足条件的无限多组数中最为简单的一组. 不难验证,数组 a,$2a$,$3a$,$4a$,$5a$,$6a$,$7a$,$8a$,$9a$;$1+b$,$2+b$,$3+b$,$4+b$,$5+b$,$6+b$,$7+b$,$8+b$,$9+b$(这里 a,b 是任意实数)都符合要求. 有什么规律可循吗? 当然,通过设定每行、每列、每条对角线上的 3 个数之和等于某个固定数值来构造数字排列方法的问题,就更具有开放性和挑战性,同学们可以共同探究一下.

一道题目的多种解法探微

例 如图1所示,由若干点组成形如三角形的图形,每条边(包括两个顶点)有 $n(n>1)$ 个点,每个图形总的点数 S 是多少?求 $n=7,11$ 时,S 是多少.

图1

思路1:先按要求画出 $n=7$ 和 $n=11$ 时的图形,直接数一数这两个图形中点的个数分别为18和30.

思路2:这种方法有点麻烦,我们可以观察 $n=2,3,4,5$ 时的总点数分别为3,6,9,12.它们都是3的倍数,并且满足规律:$n=2$ 时,总点数为3的1倍;$n=3$ 时,总点数为3的2倍;$n=4$ 时,总点数为3的3倍;……可以推断,$n=7$ 时,总点数为3的6倍,等于18;$n=11$ 时,总点数为3的10倍,等于30.

思路3:由上面的思路2,我们不难推得总点数 S 与 n 之间的关系是 $S=3(n-1)$.找到了这个一般表达式,那么 $n=7,11$ 时总的点数18,30即唾手可得.

思路4:从图形上看,能否发现什么规律?它们由三条边组成,每条边上依次有 $n=2,3,4,5$ 个点,其中3个点(顶点)重复,所以总点数 S 应为3乘每边上的点数再减去3,即每边上若有 n 个点,则总点数 $S=3n-3$.

思路5:如图2,我们可以把每个图形分成三个部分,上面部分只有一个点,中间部分每行都是2个点,所以中间部分点数和为2乘 $(n-2)$ 行,即 $2(n-2)$ 个点(这里是以每边 n 个点总结的),最下面部分分别为 $3,4,5,\cdots,n$ 个点,于是可得总点数为 $S=1+2(n-2)+n$.

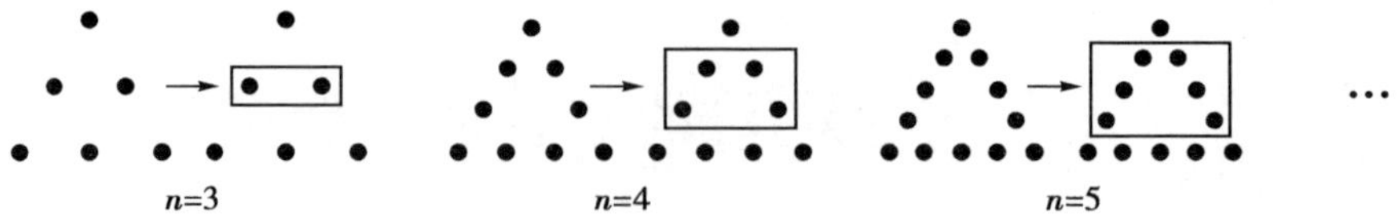

图 2

思路 6：如图 3，我们还可以按照另外一种分法，把各个图形按逆时针方向分成如下的三部分：第一部分各图形点数为 3，4，5，…，n；第二部分为 2，3，4，…，$n-1$；第三部分为 1，2，3，…，$n-2$. 所以每边上为 n 个点的图形总点数为 $S=(n-2)+(n-1)+n$.

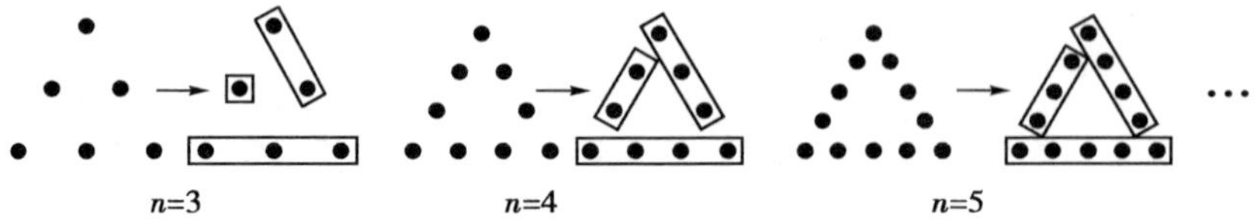

图 3

到这里为止，大家自然会提出这样的问题：在上面的几种解题思路中，我们分别得到了几个不同的表达式，即 $S=3(n-1)$，$S=3n-3$，$S=1+2(n-2)+n$，$S=(n-2)+(n-1)+n$，它们的结果相同吗？答案是肯定的. 它们都可以通过整式的恒等变形进行互化.

下面的题目留给大家作为练习.

如图 4，其中每个图都是由同样大小的菱形按照一定规律所组成的，其中图 4(1) 中一共有 3 个菱形，图 4(2) 中一共有 7 个菱形，图 4(3) 中一共有 13 个菱形，……按此规律排列下去，图 4(9) 中菱形的个数为　　(　　)

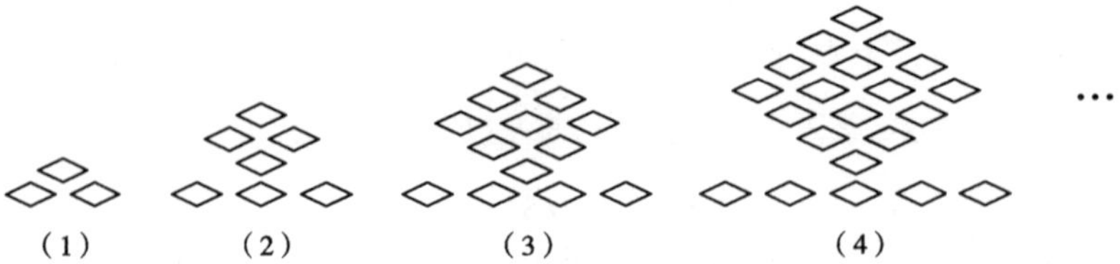

图 4

A.73　　　　B.81　　　　C.91　　　　D.109

答案：C

月历中的数学问题

月历是一种生活工具，以月历为材料的题目令人耳目一新.

例1　图1是某月的月历.现用一个矩形在其中任意框出4个数$\begin{array}{|cc|}\hline a & b \\ c & d \\ \hline\end{array}$，请用一个等式表示$a$，$b$，$c$，$d$之间的关系：____________.

日	一	二	三	四	五	六
				1	2	3
4	5	6	7	8	9	10
11	12	13	14	15	16	17
18	19	20	21	22	23	24
25	26	27	28	29	30	

图1

解析：这是一道开放题，我们可以从不同的角度去观察、猜想、验证，得出结论：(1)从横向看有$a+b=c+d-14$；(2)从纵向看有$a+c=b+d-2$；(3)从对角线上看有$a+d=b+c$.

例2　在图2的月历中，任意圈出一竖列上相邻的3个数，设中间的一个数为a，则这3个数之和为____________(用含a的代数式表示).

日	一	二	三	四	五	六
						1
2	3	4	5	6	7	8
9	10	11	12	13	14	15
16	17	18	19	20	21	22
23	24	25	26	27	28	29
30	31					

图2

解析：观察圈出的竖列中3个数有$4+11+18=33=3\times11$；$14+21+28=63=3\times21$.再任意圈出其他的竖列相邻的3个数，发现这3个数的和都为中间的那个数的3倍，即$3a$.

例3　图3是某月的月历.(1)阴影方框中的9个数之和与该方框正中间的数有什么关系？(2)这个关系对其他方框成立吗？(3)这个关系对任何一个月的月历都成立吗？为什么？(4)你还能提出哪些问题？

		1	2	3	4	5
6	7	8	9	10	11	12
13	14	15	16	17	18	19
20	21	22	23	24	25	26
27	28	29	30	31		

图3

解析：略.

以下是由月历问题演变而来的几个题目.

例 4　把 1 到 100 的整数按图 4 排列,并把表中横的 3 个数和竖的 2 个数用方框围起来.能不能使围起来的 6 个数之和等于 429?如果能,应该是哪 6 个数?

1	2	3	4	5	6	7
8	9	10	11	12	13	14
15	16	17	18	19	20	21
22	23	24	25	26	27	28
29	30	31	32	33	34	35
…	…	…	…	…	…	…
92	93	94	95	96	97	98
99	100					

图 4

解析:经观察图 4 可知,数表中每一个数都比它上一行(第一行的数除外)相应位置的数大 7,方框所围的 6 个数恰好是两组连续自然数.于是,无论方框移动到什么位置,里面所围的数一定是如图 5 所示的 6 个数.现在只须探求 $(a-1)+a+(a+1)+(a+6)+(a+7)+(a+8)=429$ 有没有解就可以了.解得 $a=68$,可知能使围起来的 6 个数之和等于 429,这 6 个数分别是 67,68,69,74,75 和76.

$a-1$	a	$a+1$
$a+6$	$a+7$	$a+8$

图 5

例 5　把 1~2019 各数按图 6 的格式排列,并用一个矩形框出 9 个数,要使它们的和等于 2019,是否办得到?简单说明理由.如果办得到,写出矩形框里最大的数和最小的数.

1	2	3	4	5	6	7	8
9	10	11	12	13	14	15	16
17	18	19	20	21	22	23	24
25	26	27	28	29	30	31	32
…	…	…	…	…	…	…	…
2009	2010	2011	2012	2013	2014	2015	2016
2017	2018	2019					

图 6

解析:办不到.因为矩形框中间的数是矩形框里 9 个数的平均数,也就是说,矩形框里 9 个数的和一定是 9 的倍数,而 2019 不能被 9 整除.

下面的题目留给同学们练习.

如图 7,图中的数阵是由全体奇数排成的.

(1)图中平行四边形框内的 9 个数之和与中间的数有什么关系?

(2)若在此数阵图中任意作一个类似第(1)问中的平行四边形框,则这 9 个数之和还有这种规律吗?请说出理由.

1	3	5	7	9	11	13	15	17
19	21	23	25	27	29	31	33	35
37	39	41	43	45	47	49	51	53
55	57	59	61	63	65	67	69	71
73	75	77	79	81	83	85	87	89
…	…	…	…	…	…	…	…	…

图 7

解析:略.

卡尔与平方差公式

当代著名的计算数论专家卡尔(Carl),1944 年出生于美国密苏里州的乔普林,1972 年获得哈佛大学博士学位,随后曾在多家学术机构和著名大学任职,荣获多项国际数学大奖,在国际数论研究领域拥有广泛的影响和崇高的声誉.

在卡尔的中学时代发生过一件有趣的事.一次,他去参加数学竞赛,其中有一道题是分解自然数 8051(如图 1).求解的常规方法是大家熟悉的因数检验法,就是用 2 到小于 $\sqrt{8051}$ 的素数,从小到大逐个验证,看哪些能够整除 8051.这样做其实并不困难.像所有爱动脑筋的孩子一样,卡尔没有采用这种方法,而是试图利用平方差公式,去寻求 8051 的因数.遗憾的是,他没有能够在规定时间内完成任务,当然也就没能获奖.事实上,存在简捷的分解方法:$8051=8100-49=90^2-7^2=97\times83$.

图 1

难能可贵的是,暂时的失利并没有使这位未来的数学大家放弃对问题的深入思考.事后卡尔给自己提出了一个非常有趣的问题:是否一个能够分解的整数必定是两个整数的平方差?经过进一步的探究,卡尔得到了关于奇合数(既是奇数又是合数,如 9,15,21 等)的有趣结论:每个奇合数一定能用平方差的方式分解为两个大于 1 的整数之积.换句话说,对于任意奇合数 c,一定存在自然数 x,y,使得 $c=x^2-y^2$,且 $x+y>1$,$x-y>1$.

结论的推证并不困难.∵ c 是奇合数,∴ 必存在大于 1 的奇数 m,n,使得 $c=m\cdot n$.当 $m=n$ 时,$c=m^2-0^2$ 且 $m+0=m-0=m>1$,结论成立;一般地,当 $m\neq n$ 时,不妨设 $m>n$,取 $x=\frac{m+n}{2}$,$y=\frac{m-n}{2}$,∵ m,n 均为奇数(否则 c 为偶数),∴ x,y 均为整数,且 $x+y=m>1$,$x-y=n>1$,$(x+y)(x-y)=m\cdot n=c$,由 m,n 的存在性,易知这样的 x,y 也必然存在,于是结论获证.

用心品味这则数学故事,我们会得到什么启示呢?那就是,数学结论的发现通常需要经历"问题—猜想—证明"的过程.

首先,卡尔发现这个结论的源头是自然数 8051 的分解,是从具体问题的解决开始探究的,依赖对具体实例的反思、推广、逻辑论证.在推广阶段,伴随着从特殊到一般的推理,这是与演绎推理(一般到特殊)的思考方向相反的一种推理形式,我们称之为合情推理或似真推理.

其次,这种从特殊到一般的推理过程,通常也伴随着对具体实例的抽象:8051 $\xrightarrow{\text{抽象}}$ 整数、能分解;$8100-49=90^2-7^2$ $\xrightarrow{\text{抽象}}$ 两个整数的平方差;从而 $8051=90^2-7^2$ $\xrightarrow{\text{抽象}}$ "能够分解的整数是两个整数的平方差".当然,从具体实例通过抽象推广得到的命题只是一个猜想,要能成为定理,还需要演绎推理的严格论证.即便如此,抽象与形式表示仍是数学产生和发展的重要基础.

最后,要使猜想能够培植生成一个正确的结论,既依赖于后期的严格推证,更依赖于从特殊到一般推广过程中对特例特征的准确把握和推广方向的不断修正.在这个故事中,最初的抽象"能够分解的整数是两个整数的平方差",对数 8051 的特征把握就不够准确,猜想当然也不正确,如 6 能分解为 2 和 3 的乘积,却无法写成两个数的平方差.事实上,8051 除了能分解、是整数,还有一个更本质的特征:它是奇数.漏掉这个特征的抽象得到的是一个假命题.正确的抽象应该是:8051 $\xrightarrow{\text{抽象}}$ 奇合数;$8100-49=90^2-7^2=(90+7)(90-7)=97\times83$ $\xrightarrow{\text{抽象}}$ 利用平方差公式分解为两个大于 1 的整数之积;从而 $8051=90^2-7^2=(90+7)(90-7)=97\times83$ $\xrightarrow{\text{抽象}}$ "奇合数一定能用平方差的方式分解为两个大于 1 的整数之积".

另辟蹊径试一试

同学们都知道司马光砸缸救人的故事.他当时的思路是怎样的呢？一般人看来,要使掉进水缸里的小朋友不被淹死,就要把他拉出来,使“人离开水”.但是,缸高,人矮,力气小,怎么办？司马光急中生智,把缸砸破,来了个“水离开人”.如图 1.

这个故事给了我们有益的启示,即离开常走的大道另辟蹊径,往往可以捷足先登,甚至可以柳暗花明,化险为夷.日常生活中是这样,解决数学问题又何尝不是如此呢？有些数学题,当按照常规思路不易求解时,我们不妨变换一个角度,从问题的反面去想,也许会使问题得以顺利解决.

图 1

例 1　已知 $3x^2+4x-7=0$,则 $6x^4+11x^3-7x^2-3x-7=$ ____________.

解析:对于这个问题,常用的解法是先将 x 解出,然后代入求值,但这样做很麻烦.如果我们将三项式 $3x^2+4x-7$ 看作一个整体,通过凑项或列竖式相除的方法,探求 $6x^4+11x^3-7x^2-3x-7$ 被 $3x^2+4x-7$ 除所得的余式,就可知待求值的式子可以分解为 $(3x^2+4x-7)(2x^2+x+1)$,于是推得它的值等于 0.

例 2　$\frac{1}{2+\sqrt{2}}+\frac{1}{3\sqrt{2}+2\sqrt{3}}+\cdots+\frac{1}{100\sqrt{99}+99\sqrt{100}}$ 的值是　（　　）

A. $\frac{3}{4}$　　B. $\frac{9}{10}$　　C. 1　　D. $\sqrt{2}$

解析:所求和式有 99 项,要想通分求和,运算过程将不胜其烦.若能从提取公因式入手,逆用法则$\frac{1}{x}\pm\frac{1}{y}=\frac{y\pm x}{xy}$,则可简化运算.原式$=\frac{1}{\sqrt{2}(\sqrt{2}+1)}+\frac{1}{\sqrt{3}\sqrt{2}(\sqrt{3}+\sqrt{2})}+\cdots+\frac{1}{\sqrt{100}\sqrt{99}(\sqrt{100}+\sqrt{99})}=\frac{\sqrt{2}-1}{\sqrt{2}}+\frac{\sqrt{3}-\sqrt{2}}{\sqrt{3}\sqrt{2}}+\cdots+\frac{\sqrt{100}-\sqrt{99}}{\sqrt{100}\sqrt{99}}=1-\frac{1}{\sqrt{2}}+\frac{1}{\sqrt{2}}-\frac{1}{\sqrt{3}}+\cdots+\frac{1}{\sqrt{99}}-\frac{1}{\sqrt{100}}=1-\frac{1}{10}=\frac{9}{10}$.故应选 B.

现在,我们再来看一个简单有趣的例子.

例 3　在 7×7 坐标纸上玩海战游戏(见图 2),每次炮击点都落在网格中.如果海船形状如图 3,那么最少炮击几次就能确保击中海船?

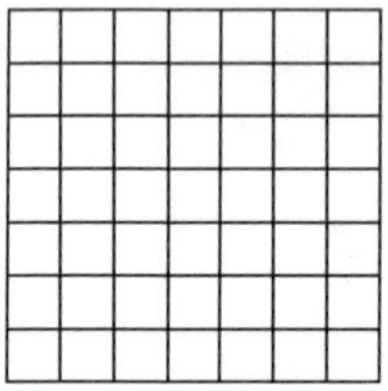
图 2

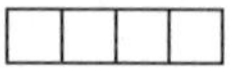
图 3

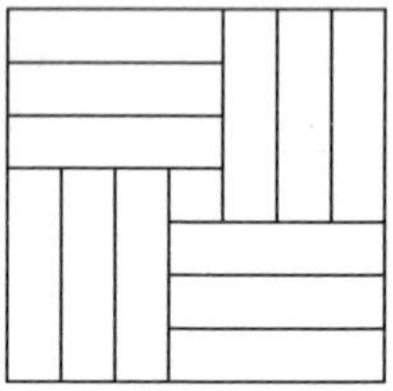
图 4

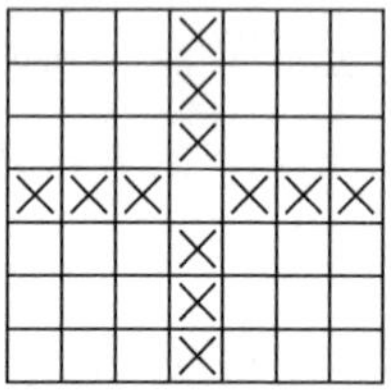
图 5

解析:习惯的思维是从问题出发,考虑最少炮击次数.这种思考或许能够找到一种炮击方案,使得再也不能容下形状如图 3 的海船,但很难确定这一方案的炮击次数最少.依据思维的可逆性,我们采用逆向思维的方式来考虑问题.要求得到最少的炮击次数,先想在 7×7 坐标纸上最多可以摆放多少条形状如图 3 的海船,由于 7×7=49(格),每条船占据四个方格,因此最多能放置 12 条船(共 48 格).其次要考虑 7×7 网格正方形能否容下 12 条船,仅余一个方格.如图 4 的摆法是唯一的方案.现在再想能否每船只打一炮,且不能再容下形状如图 3 的海船.

炮击方案如下:每船各打一炮(如图 5),即最少打 12 炮,就能确保其余地方不能容下海船.

奇妙的杨辉三角

图 1 这个被称为杨辉三角的图形，因其出现于南宋数学家杨辉的《详解九章算法》中而得名.杨辉在该书中明确自注“出《释锁算书》，贾宪用此术”，可惜贾宪的书已失传.西方多把该图称为“帕斯卡三角”，认为是法国数学家帕斯卡（Pascal，1623—1662）于 1645 年首创的.显而易见，这比杨辉或贾宪要迟数百年.

图 1

大家自然会问，贾宪创设这个奇妙的图形是干什么用的呢？

我们知道：

$(a+b)^1=a+b$,

$(a+b)^2=a^2+2ab+b^2$.

$(a+b)^3=a^3+3a^2b+3ab^2+b^3$,

$(a+b)^4=a^4+4a^3b+6a^2b^2+4ab^3+b^4$,

$(a+b)^5=a^5+5a^4b+10a^3b^2+10a^2b^3+5ab^4+b^5$,

$(a+b)^6=a^6+6a^5b+15a^4b^2+20a^3b^3+15a^2b^4+6ab^5+b^6$,

…

原来，这个作为贾宪“开方作法本源”中“立成释锁法”的附图，表示的是 $(a+b)^n$ 当 $n=1,2,3,4,5,6$ 时展开式的系数表.“立成释锁法”中的“释锁”即开锁，是宋代解方程（即开方）的别名；古代天文学家为推算各种天文数据，把列出来的表格叫做“立成”.因此，贾宪的“立成释锁法”就是利用一种表格上的数字来解决一般的开方问题.而图 1 就是贾宪开方法的“立成”.

下面，我们对表中的性质加以初步归纳：

(1) 对称性:每行中与首末两项等距的两个数相等.

(2) 递归性:除 1 以外的两个数都等于它肩上的两个数之和.

(3) 和幂性:第 $n+1$($n=0,1,2,\cdots$)行的各数之和等于 2^n.

借助于这些简单性质,可以解答一些与杨辉三角有关的问题.

例 1 请根据杨辉三角(如图 1),计算 $(a+b)^{20}$ 的展开式中第三项的系数.

解析:探索规律,$(a+b)^3$ 的第三项系数为 $3=1+2$,$(a+b)^4$ 的第三项系数为 $6=1+2+3$,$(a+b)^5$ 的第三项系数为 $10=1+2+3+4$.不难发现 $(a+b)^{20}$ 的第三项系数应为 $1+2+3+\cdots+19=\dfrac{(1+19)\times19}{2}=190$.

与本题相关联的是,不少数学家对各种各样的正整数在杨辉三角这个无限大的数阵中出现的次数抱有极大的兴趣.1971 年,英国数学家大卫 · 辛马斯特猜测,那些大于 1 的正整数在杨辉三角中出现的次数有一个上限.这就是“辛马斯特猜想”.

例 2 探求杨辉三角与 11 的 n(n 为自然数)次幂之间的奇妙关系.

解析:我们知道,$11^0=1$,$11^1=11$,$11^2=121$,$11^3=1331$,$11^4=14641$.与杨辉三角比对后容易发现,当 $n\leq4$ 时,11^n 的各位数字排列分别与杨辉三角前 5 行的每行相同.$n=5,6$ 时的情形如图 2 所示.

	1	4	6	4	1	
×				1	1	
	1	4	6	4	1	
1	4	6	4	1		
1	5	10	10	5	1	

	1	5	10	10	5	1
×					1	1
	1	5	10	10	5	1
1	5	10	10	5	1	
1	6	15	20	15	6	1

图 2

由上可推测,11 的 n 次幂的各数字(不含进位)与杨辉三角中的各数字完全相同(结论还有待证明),即杨辉三角是 11 的幂按错位相加不进位的方法依次从小到大排列而成的图形,如图 3.

1 　(11^0)
1 1 　(11^1)
1 2 1 　(11^2)
1 3 3 1 　(11^3)
1 4 6 4 1 　(11^4)
1 5 10 10 5 1 　(11^5)
1 6 15 20 15 6 1 　(11^6)

图 3

随着学习的逐步深入,我们将会体悟到杨辉三角更多的有趣性质以及它与组合知识、特殊的概率、数列问题的联系.可以毫不夸张地说,杨辉三角是我国古代数学中的瑰宝,又是现代数学的一个“富矿”,期待着人们去开采和利用.

分类判断是因式分解的关键

因式分解时,需要根据多项式的结构特征,依次判断推理,采用恰切的方法实施分解,也就是通常所说的"一提二用三分组".从某种意义上说,顺利分解的基础和关键是精准的分类判断.首先,看多项式的各项有没有公因式可以提取;其次,根据待分解的整式是(二次)二项式抑或(二次)三项式,判断适合使用哪个乘法公式;最后,如果不能使用公式,看能否适当分组或十字相乘或拆、分项分解.如此经过一系列的基于分类判断的分解变形,一直进行到每一个多项式因式都不能再分解为止.下面我们通过几个简单的例子共同体悟这一过程.

例 1　把 a^2-2a 分解因式,正确的是　　　　(　　)

A.$a(a-2)$　　B.$a(a+2)$　　C.$a(a^2-2)$　　D.$a(2-a)$

略解:原式$=a(a-2)$,故选 A.

点拨:因式分解时,首先观察各项是否有公因式,如果有,先将其提取出来,然后再使用公式或其他方法作进一步的分解.此时应注意两点:一是准确理解概念.公因式可以是单项式(数、字母)也可以为多项式,如 $2a^2-4a$ 中的 $2a$,$6(x-y)^3-2(y-x)^2$ 中的 $2(x-y)^2$ 或 $2(y-x)^2$ 等,而$(x-y)$与$(x+y)$虽然只是符号之差,但"差之毫厘,谬以千里",不能误认为是公因式.二是正确提取.因为因式分解与多项式乘法是方向相反的变形,所以一定要保证提取公因式前后多项式的恒等,不能出现 $a^2-2a=a(a+2)$,$a^2-a=a^2$,$\frac{1}{4}a^2-\frac{1}{2}a=\frac{1}{4}a(a-2)=a(a-2)$等类型的错误.避免此类错误的有效方法是"乘"回去对照原式检验,看是否"走了样".当然,充分完全也是正确提取的应有之义,要求提取公因式后,另一个因式就不能再含公因式了,例如,将 $8a^2-4a$ 分解为 $2a(4a-2)$ 也是不合适的.

例 2 分解因式：$ab^2-ac^2=$__________.

略解：原式$=a(b^2-c^2)=a(b+c)(b-c)$.

点拨：提取公因式后，应优先考虑用公式法分解，因为(b^2-c^2)为两数的平方差，因此使用平方差公式.

例 3 分解因式：$(a-b)^2-4b^2=$__________.

略解：原式$=[(a-b)+2b][(a-b)-2b]=(a+b)(a-3b)$.

点拨：原式没有公因式可以提取，直接利用平方差公式分解即可.应特别注意的是，使用公式时一定要保证待分解的多项式完全符合公式的条件，不能有丝毫的含糊，力戒$x^2+1=(x+1)(x-1)$，$a^2-2a-1=(a-1)^2$之类的错误出现.

例 4 分解因式：$x^2+3x(x-3)-9=$__________.

略解：原式$=x^2-9+3x(x-3)=(x-3)(x+3)+3x(x-3)=(x-3)(x+3+3x)$$=(x-3)(4x+3)$.

点拨：本解法紧扣原有的因式$(x-3)$，直接将首尾两项结合，进而提取公因式$(x-3)$，然后归并完成求解.当然，也可以先将原式展开，合并二次项，然后运用十字相乘法分解.有兴趣的同学不妨试一试.

例 5 分解因式：$ac-bc-ad+bd=$__________.

略解 1：原式$=(ac-bc)-(ad-bd)=c(a-b)-d(a-b)=(a-b)(c-d)$.

略解 2：原式$=(ac-ad)-(bc-bd)=a(c-d)-b(c-d)=(a-b)(c-d)$.

点拨：当需要分解的整式含有四项或者更多项时，如果不含公因式，一般考虑把它们适当分组，然后分别提取公因式或运用公式法分解.

例 6 在二项式x^4+1上添加适当的单项式，使它成为一个完全平方式.请列举所有这样的单项式.

略解：本题具有开放性.符合题意的单项式应为$\pm 2x^2$，$-x^4$，-1，$\frac{1}{4}x^8$.

点拨：如果对x^4，1的多种“角色”认识不足，就有可能忽略$-x^4$，-1的答案，当然，最容易漏掉的还是$\frac{1}{4}x^8$！

对因式分解的理解和应用

数学学习活动实质上是一个新旧知识不断转化的过程.我们常常需要把未知的、复杂的研究对象通过适当的方法和手段,转化为已经熟知的、比较简单的事物,进而求得问题的解决.不是吗?利用加减或代入消元法,可以把二元一次方程组转化为一元一次方程求解;添加辅助线,可以将平行四边形、梯形等转化为三角形,以便对它所具有的特殊性质和判定方法展开研究.当然,转化是多种多样的,也可以是形与数之间的相互转化,还可以是恒等、放缩变形的转化,等等.

大家知道,把一个多项式化成几个整式的积的形式,叫做因式分解.因式分解与多项式的乘法是互逆运算,其实质是一种恒等变形,是一种等价转化,是将某些次数较高的多项式转变为若干个次数较低的整式乘积的形式.为什么要这样做呢?便于通过分解"降次",透过部分探索整体具有的某种属性,使其中所蕴含的数量关系逐步明朗化.当然,在转化的过程中,每一步都应该有理有据,不能无中生有,要坚持转化的等价性.分解因式必须在限定的数集中,分解到不能再分解为止.对一些比较隐晦的或者变形过程中新出现的公因式要引起重视.分解结果的简单明了是解题的基本要求之一,这样才可能使答案具有相对确定性.所以,因式分解结果中的每一个因式必须是最简形式.

值得关注的是,在解答关涉代数式的化简、求值、计算等类型的题目时,因式分解常会成为我们的得力助手.下面分类进行介绍.

一、求值、判断

例 1 若 $m=2n+1$,则 $m^2-4mn+4n^2$ 的值是__________.

解析:直接代入,过程较繁杂.若由 $m=2n+1$ 推出 $m-2n=1$,再对 $m^2-4mn+4n^2$ 分解因式,则可以简便求解.$\because\ m=2n+1$,$\therefore\ m-2n=1$,故 $m^2-4mn+4n^2=(m-$

$2n)^2=1$.

例2 已知 $x^3+x^2+x+1=0$,那么 $1+x+x^2+x^3+\cdots+x^{2018}+x^{2019}$ 的值为________.

解析:多项式 $1+x+x^2+x^3+\cdots+x^{2018}+x^{2019}$ 共有2020项,从第5项起,每四项提公因式后便会产生一个 $1+x+x^2+x^3$.原式 $=(1+x+x^2+x^3)+(x^4+x^5+x^6+x^7)+\cdots+(x^{2016}+x^{2017}+x^{2018}+x^{2019})=(1+x+x^2+x^3)+x^4(1+x+x^2+x^3)+\cdots+x^{2016}(1+x+x^2+x^3)=(1+x+x^2+x^3)(1+x^4+\cdots+x^{2016})=0$.

当然,我们也可以从分组分解入手求解.$\because\ x^3+x^2+x+1=x^2(x+1)+(x+1)=(x^2+1)(x+1)=0$,$\therefore\ x+1=0$,$x=-1$,故原式 $=1-1+1-1+\cdots+1-1=0$.

例3 设实数 $a<b<c<d$,如果 $x=(a+b)(c+d)$,$y=(a+c)(b+d)$,$z=(a+d)(c+b)$,那么 x,y,z 的大小关系是 ( )

A.$x<y<z$ B.$y<z<x$ C.$z<x<y$ D.不能确定

解析:可以通过作差、分解,作出判断.$\because\ a<b<c<d$,$\therefore\ x-y=(a+b)(c+d)-(a+c)(b+d)=ac+bd-ab-cd=(a-d)(c-b)<0$,即 $x-y<0$,$x<y$.同理,$y-z=(a-b)(d-c)<0$,即 $y-z<0$,$y<z$.于是,$x<y<z$.故应选A.

例4 已知 a,b,c,d 为非负数,且 $ac+bd+ad+bc=2017$,求 a,b,c,d 的和.

解析:此题乍一看来,似乎难以下手,但若注意到等式左边式子的结构特征,将其分组分解,就可以逐步深入,求得问题的答案.$\because\ ac+bd+ad+bc=a(c+d)+b(c+d)=(a+b)(c+d)=2017$,而 a,b,c,d 为非负数,2017又是质数,$\therefore\ a+b+c+d=2018$.

如果给出的数字不是2017,而是一个合数,上述解题思路仍可奏效,只是还需要分类讨论.

二、解决整除问题

例5 已知 $2^{96}-1$ 可被60~70之间的两个整数整除,这两个整数是多少?

解析:显而易见,如果直接乘方,计算量会很大,而"逐层"分解因式,结果近乎唾手可得.原式 $=(2^{48}+1)(2^{48}-1)=(2^{48}+1)(2^{24}+1)(2^{24}-1)=(2^{48}+1)(2^{24}+1)(2^{12}+1)(2^{12}-1)=(2^{48}+1)(2^{24}+1)(2^{12}+1)(2^6+1)(2^6-1)=(2^{48}+1)(2^{24}+1)(2^{12}+1)\times65\times63$.故 $2^{96}-1$ 可被60~70之间的两个整数63,65整除.

三、数形结合

例 6 图 1 是一个边长为$(m+n)$的正方形，萧萧将图 1 中的阴影部分拼成图 2 的形状，由图 1 和图 2 能验证的式子是 ( )

A. $(m+n)^2-(m-n)^2=4mn$　　B. $(m+n)^2-(m^2+n^2)=2mn$

C. $(m-n)^2+2mn=m^2+n^2$　　D. $(m+n)(m-n)=m^2-n^2$

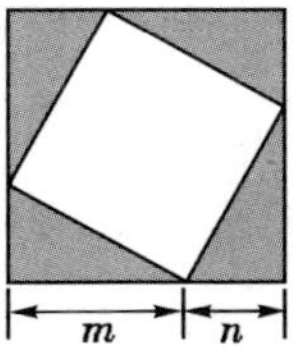

图 1

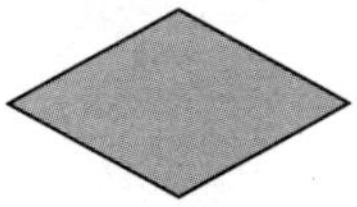

图 2

解析：图 1 中大正方形的面积是$(m+n)^2$，小正方形的面积是 m^2+n^2，图 2 中菱形的面积是 $2mn$，所以由图 1 和图 2 能验证的式子是$(m+n)^2-(m^2+n^2)=2mn$，故选 B.

我们所学的乘法公式都可以用图形加以验证. 其一般思路是：通过将图形适当地拆分组合，用不同的代数式表示操作的结果（大多是同一图形的面积），在整理化简后得到我们所求的等式. 其中体现了数形结合、变与不变等重要的数学思想方法.

四、开放、探索

例 7 多项式 $x^2+px+12$ 可分解为两个一次因式的积，整数 p 的值是________________（写出一个即可）.

解析：从对 12 分解质因数入手. $12=1\times12=-1\times(-12)=3\times4=-3\times(-4)=2\times6=-2\times(-6)$，$p$ 取±7，±8，±13 中的任何一个均符合题意.

x^2+px+q 型的二次三项式的因式分解有规律可循. 由于 $x^2+(a+b)x+ab=(x+a)(x+b)$等式恒成立，因此，对于二次三项式 x^2+px+q 而言，如果常数项 q 可分解为两个因数 a，b 的积，并且 $a+b=p$，那么 x^2+px+q 就可分解为$(x+a)(x+b)$. 此时，p，q，a，b 之间存在关系：当 $q>0$ 时，a，b 同号；当 $q<0$ 时，a，b 异号.

例 8 观察下列各式：$x^2-1=(x-1)(x+1)$，$x^3-1=(x-1)(x^2+x+1)$，$x^4-1=(x-1)(x^3+x^2+x+1)$，……根据前面各式的规律，得 $x^{n+1}-1=$____________（其中 n

为正整数).

解析:观察可知,已给等式均有因式$(x-1)$,且另一个因式按x的指数依次小1的降幂排列,故有$x^{n+1}-1=(x-1)(x^n+x^{n-1}+\cdots+x+1)$.

五、实际应用

例9 在日常生活中如取款、上网等都需要密码.有一种用“因式分解”法产生的密码,方便记忆.如,对于多项式x^4-y^4,因式分解的结果是$(x-y)(x+y)(x^2+y^2)$,若取$x=9,y=9$,则各个因式的值是$x-y=0,x+y=18,x^2+y^2=162$,于是,就可以把“018162”作为一个六位数的密码.对于多项式$4x^3-xy^2$,取$x=10,y=10$时,用上述方法产生的密码是__________(写出一个即可).

解析:对多项式$4x^3-xy^2$实施正确的因式分解是关键.$4x^3-xy^2=x(4x^2-y^2)=x(2x-y)(2x+y)$,当$x=10,y=10$时,$2x-y=10,2x+y=30$,故答案为101030或103010或301010.

例10 若$\triangle ABC$的三边长分别为a,b,c,且$a+2ab=c+2bc$,判断$\triangle ABC$的形状.

解析:凭直觉猜测该三角形可能是等腰三角形.可以对已知等式变形作差,努力发掘其中的数量关系.依题意,$a+2ab=c+2bc$,即$a-c+2ab-2bc=0$,$(a-c)+2b(a-c)=0$,$(1+2b)(a-c)=0$.而$1+2b\neq0$,$\therefore\ a-c=0$,$a=c$,故$\triangle ABC$是等腰三角形.

例11 已知正实数a,b,c分别为$\triangle ABC$的三边之长,且满足$a^4-b^4-c^4+2b^2c^2=0$,试判断$\triangle ABC$的形状.

解析:从条件等式的结构来看,发现a,b,c的最低次幂为2,自然会想到该题是否与勾股定理(如果一个三角形中有两边的平方和等于第三边的平方,那么这个三角形一定是直角三角形)有联系,通过对等式左边的式子实施分组分解后可作出判断.$\because\ a^4-b^4-c^4+2b^2c^2=a^4-(b^4+c^4-2b^2c^2)=a^4-(b^2-c^2)^2=(a^2+b^2-c^2)(a^2+c^2-b^2)=0$,推出$a^2+b^2-c^2=0$或$a^2+c^2-b^2=0$,故$\triangle ABC$是直角三角形.

如果对等式的左边实施拆分、添项、凑项,然后分组分解,也可得出$(a^2+b^2-c^2)(a^2+c^2-b^2)$,不过变形过程要复杂得多.

上述举例只是冰山一角,在对分式和其他后续内容的学习中,因式分解的作用将会进一步凸显出来.

拼图与整式变形

在乘法公式的学习中,如果能从几何的角度出发,建立直观、形象的几何模型,将有助于公式的理解和记忆.例如,对于平方差公式$(a+b)(a-b)=a^2-b^2$,在规定字母为正数的情况下,我们就可以采取如下的基本方法,为它构造几何背景图形.

方法1:如图1(1),在边长为a的大正方形的一角剪去一个边长为b的小正方形,显然,剩余部分(阴影部分)的面积为a^2-b^2.若把剩余部分拼成如图1中(2)(3)(4)所示的一个矩形,或如图1(5)所示的一个平行四边形,则其面积均为$(a+b)(a-b)$,于是有$(a+b)(a-b)=a^2-b^2$;若把剩余部分拼成如图1(6)所示的一个梯形,则其面积为$\frac{1}{2}(2a+2b)(a-b)=(a+b)(a-b)$,于是,仍有$(a+b)(a-b)=a^2-b^2$.

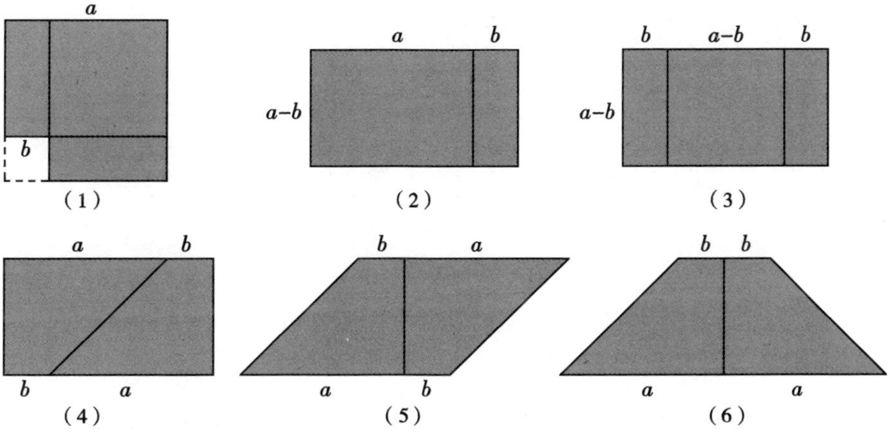

图1

方法 2:如图 2(1),在边长为 a 的大正方形的中心挖去一个边长为 b 的小正方形,显然,剩余部分(阴影部分)的面积为 a^2-b^2.若把剩余部分拼成如图 2(2)所示的一个平行四边形,则其面积也为 $(a+b)(a-b)$,仍可导出 $(a+b)(a-b)=a^2-b^2$.

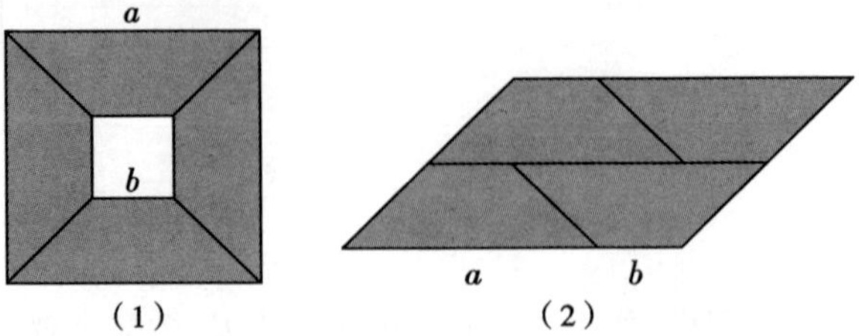

图 2

当然,构建 $(a+b)(a-b)=a^2-b^2$ 几何背景图形的方法还有很多,这里不再赘述.大家知道,乘法公式中的字母既可以表示正数也可以表示负数,因此,仅凭图形不能作为对结论的严格证明和全面解释.了解乘法公式的几何背景图形的意义在于,通过对这些图形各部分面积之间关系的思考,发现乘法公式与图形面积之间的内在联系,进而感受几何与代数内在的统一性,增强认知的深刻性、全面性和探究性.

例 1 如图 3,从边长为 $(a+1)$ cm 的正方形纸片中剪去一个边长为 $(a-1)$ cm 的正方形 $(a>1)$,剩余部分沿虚线又拼剪成一个矩形(不重叠,无缝隙),则该矩形的面积为 ( )

A. 2 cm^2 B. $2a$ cm^2 C. $4a$ cm^2 D. (a^2-1) cm^2

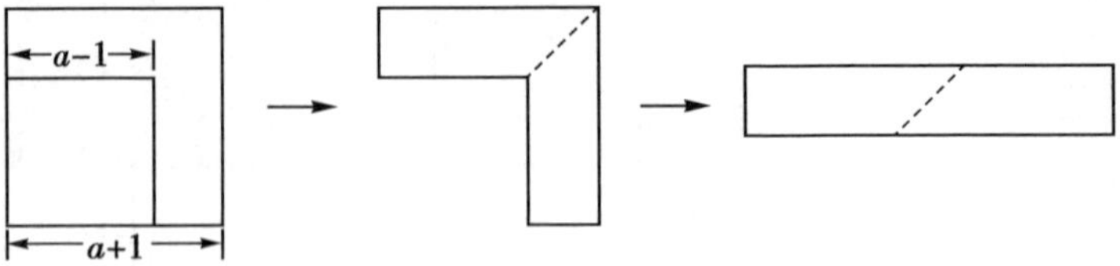

图 3

解析:显而易见,拼成矩形的面积是 $(a+1)^2-(a-1)^2=[(a+1)+(a-1)][(a+1)-(a-1)]=4a(cm^2)$,故选 C.

例 2 图 4(1)是一个长为 $2a$,宽为 $2b(a>b)$ 的长方形,用剪刀沿图中虚线(对称轴)剪开,把它分成四块形状和大小都一样的小长方形,然后拼成一个

如图 4(2)所示的正方形,则中间空的部分的面积是 (　　)

A.ab　　B.$(a+b)^2$

C.$(a-b)^2$　　D.a^2-b^2

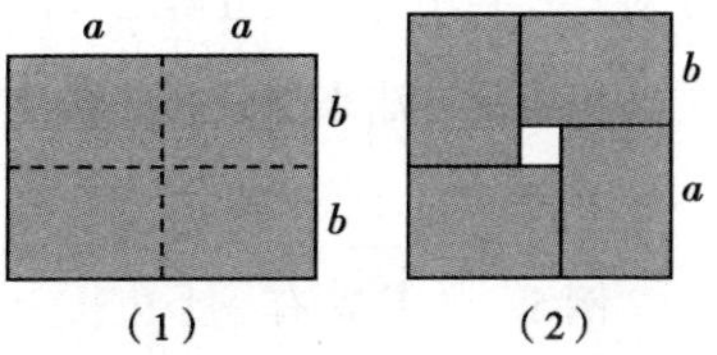

图 4

解析:依题意,原长方形的面积为 $4ab$,拼成正方形的面积为 $(a+b)^2$,中间空的部分的面积为 $(a+b)^2-4ab=a^2-2ab+b^2=(a-b)^2$,故选 C.

例 3　有 3 张边长为 a 的正方形纸片,4 张边长分别为 a,b 的矩形纸片,5 张边长为 b 的正方形纸片.从中取出若干张纸片,每种纸片至少取一张,把取出的这些纸片拼成一个如图 5 所示的正方形(按原纸张进行无缝隙、无重叠拼接),则拼成的正方形的边长最长可以为 (　　)

b^2	b^2	ab
b^2	b^2	ab
ab	ab	a^2

图 5

A.$a+b$　　B.$2a+b$　　C.$3a+b$　　D.$a+2b$

解析:边长为 a 的正方形纸片面积为 a^2,边长分别为 a,b 的矩形纸片面积为 ab,边长为 b 的正方形纸片面积为 b^2.由于正方形由三种纸片拼成,其面积须为由 a^2,ab,b^2 组成的完全平方式,结合题设要求推得,a^2 的系数只能为 1,b^2 的系数只能为 4.因此,应取 1 张边长为 a 的正方形纸片,4 张边长分别为 a,b 的矩形纸片,4 张边长为 b 的正方形纸片,拼成正方形的面积为 $a^2+4ab+4b^2$,边长为 $a+2b$,故选 D.

实际上,作为选择题,本题也可以用排除法求解.由边长为 a 的正方形纸片的张数,首先可以排除选项 B 和选项 C(a^2 的系数只能为 1),再根据“拼成的正方形的边长最长”的要求排除选项 A,显然选项 D 正确.

例 4　如图 6,设 $k=\dfrac{\text{甲图中阴影部分的面积}}{\text{乙图中阴影部分的面积}}$ $(a>b>0)$,则有 (　　)

A.$k>2$　　B.$1<k<2$

C.$\dfrac{1}{2}<k<1$　　D.$0<k<\dfrac{1}{2}$

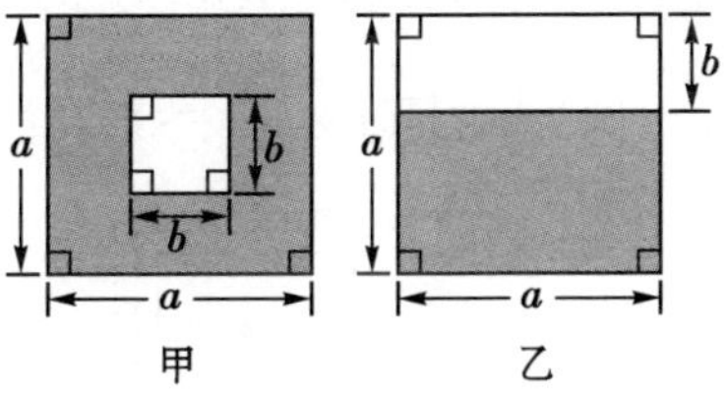

图 6

本例可作为同学们学过分式后的练习,答案是 B.

乘法公式实际上是一些特殊整式的互逆变形,但它们又都有各自的多种几何解释.更一般地,如果我们能够将整式的变形与拼图有机地联系在一起,不但有助于对整式乘法与因式分解之间内在联系的深刻理解,而且可以利用同一图形不同的面积表示方法来探索新的结论,同时对体悟和运用数形结合的数学思想方法也不无好处.

例5 如图7,有一个边长为 a 的小正方形与两个长、宽分别为 a,b 的小矩形拼接成矩形 $ABCD$,整个图形可表达成形如 $a^2+2ab=a(a+2b)$ 的有关多项式分解因式的等式,请你再写出3个这样的等式:____________________;__________;__________.

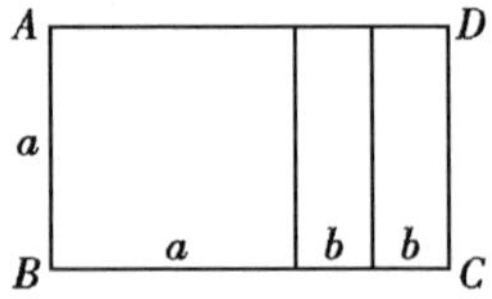

图7

解析:本题具有开放性,答案不唯一,如 $a(a+b)+ab=a(a+2b)$,$a(a+2b)-a(a+b)=ab$,$a(a+2b)-ab=a(a+b)$,$a(a+2b)-a^2=2ab$,$a(a+2b)-2ab=a^2$ 等.

例6 一个大正方形和四个全等的小正方形按图8(1)(2)两种方式摆放,则图8(2)的大正方形中未被小正方形覆盖部分的面积是__________(用含 a,b 的代数式表示).

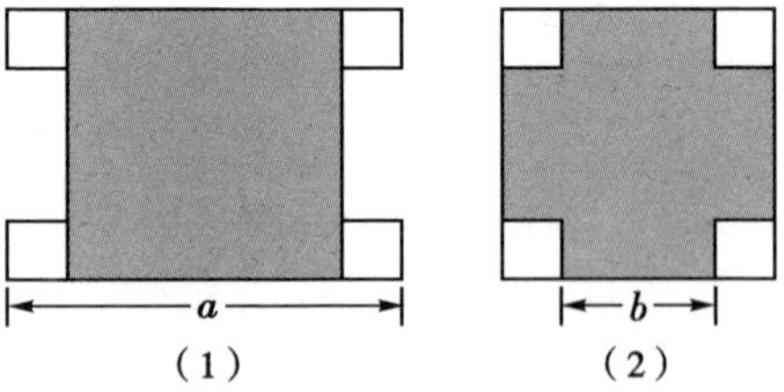

图8

解析:设大正方形的边长为 x,小正方形的边长为 y,由图8(1)(2)列出方程组 $\begin{cases}x+2y=a,\\x-2y=b.\end{cases}$ 解之,得 $\begin{cases}x=\dfrac{a+b}{2},\\y=\dfrac{a-b}{4}.\end{cases}$ 故大正方形中未被小正方形覆盖部分的面积为 $\left(\dfrac{a+b}{2}\right)^2-4\left(\dfrac{a-b}{4}\right)^2=ab$,即为所求.

例7 有足够多的长方形和正方形卡片,如图9所示.

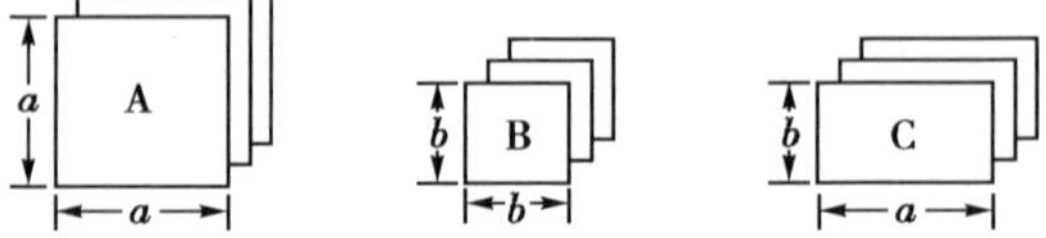

图9

（1）如果选取各类卡片若干张，拼成一个长为 $a+2b$，宽为 $a+b$ 的矩形（不重叠，无缝隙），需要 A 类卡片________张，B 类卡片________张，C 类卡片________张.

（2）请画出这个长方形图形.

解析：（1）要拼成的长为 $a+2b$，宽为 $a+b$ 的矩形，如何拆分成 3 类卡片的组合是解决问题的关键，整式乘法可以实现这一转化. $\because$ $(a+2b)(a+b)=a^2+3ab+2b^2$，故需要 A 类卡片 1 张，B 类卡片 2 张，C 类卡片 3 张.

（2）画出图形如图 10.

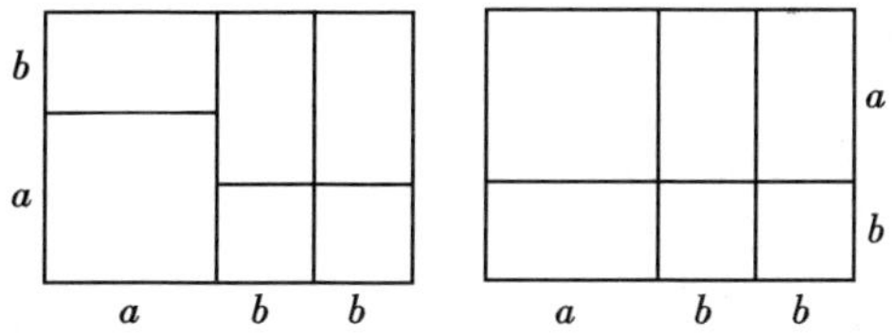

（1）　　（2）

图 10

例 8　某小组同学布置教室时，准备为一幅边长为 a 的正方形画镶边（如图 11），要求四边的宽都为 b. 为此，需要准备一张镶边用的长方形画纸. 当这张画纸的长与宽分别为多少时，恰好可以完成镶边任务而又没有任何多余（接缝忽略不计）？至少给出 2 种方案.

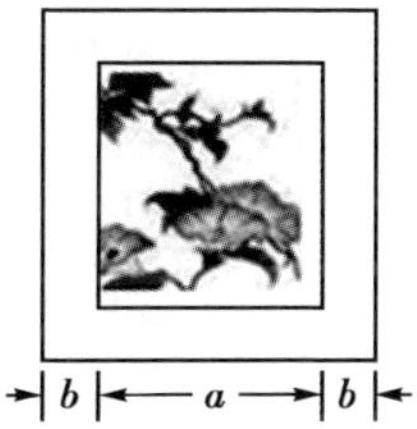

图 11

解析：从直观上容易发现长为 $4(a+b)$，宽为 b 的答案，我们利用代数式变形来探求问题解决的多种方案. 用于镶边的画纸面积为 $(a+2b)^2-a^2=2b(2a+2b)=4b(a+b)$. 由此可知，画纸的长、宽可以是 $a+b$，$4b$；或 $2(a+b)$，$2b$；或 $4(a+b)$，b 等.

例 9　（1）观察图 12（1）的硬纸板拼图，写出一个表示相等关系的式子：____________.

（2）用不同的方法表示图 12（2）中阴影部分的面积，可以得到的乘法公式为________________.

（3）两个边长为 a，b，c 的直角三角形硬纸板和一个两条直角边都是 c 的直角三角形硬纸板拼成图 12（3），用不同的方法计算这个图形的面积. 你发现 a，b，c 之间具有怎样的关系.（用最简形式表示）

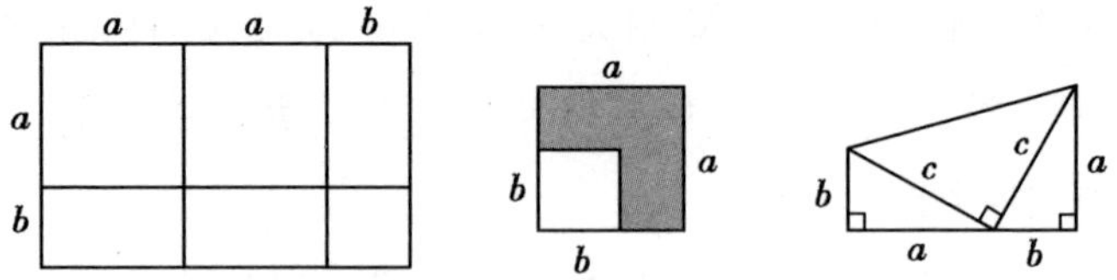

(1)　　(2)　　(3)

图 12

解析：(1) $(2a+b)(a+b)=2a^2+3ab+b^2$.

(2)将阴影部分拼接可以得到长为 $a+b$，宽为 $a-b$ 的长方形，其面积为 $(a+b)(a-b)=a^2-b^2$.

(3)运用梯形面积公式求出该图形面积为$\frac{1}{2}(a+b)^2$，又由 3 个三角形面积之和求出其面积为$\frac{1}{2}ab\times2+\frac{1}{2}c^2$，$\therefore$ $\frac{1}{2}(a+b)^2=\frac{1}{2}ab\times2+\frac{1}{2}c^2$，化简，得 $a^2+b^2=c^2$.

我们可能已有所知，或许很快会知道，题(3)中推得的这个关于直角三角形三边关系的重要结论，就是著名的勾股定理.此题的推证方法也很简捷独特.

沈括饮酒与数列求和

我们先来听一个“沈括饮酒”的故事.

宋元年间的一天,数学家沈括(1031—1095)到一小酒店饮酒,边饮边数起酒店里码放在一旁的酒坛,数来数去数不清,想要琢磨一种方法来计算,如图 1.他发现:酒坛层层码放,底层一排 8 个,上层的一个酒坛码放在下层两个酒坛间隙的上方,由此每往上一层,每层酒坛依次减少 1 个,最上一层码放 4 个,全部酒坛码放成一个梯形台形状.沈括经过思考终于想到了一种计算酒坛总数的方法:假设还有一堆同样码放方式的酒坛,能够倒过来拼在一起,这样不就很容易计算酒坛的个数了吗?这里,沈括的巧妙之处在于运用了“倒项相加”的重要方法.

图 1

同学们可能还听说过高斯求和的趣事吧?被誉为“数学王子”的高斯十岁那年,他的老师让全班学生计算 $1+2+3+\cdots+100$ 的值,当其他学生都在逐个相加的时候,高斯很快就把答案交了上去,但老师并没有马上去看.等到全班学生交卷之后,老师才惊讶地发现,高斯得到了全班唯一正确的答案.

人们推测,高斯很可能也是按“倒项相加”的思路简便求解的:

设 $S=1+2+3+\cdots+99+100$,将等式右端 100 个加数颠倒过来写,有 $S=100+$

99+⋯+2+1,两式相加,得 $2S=101+101+\cdots+101+101$(100 个 101),∴ $2S=100\times 101$,$S=\dfrac{100\times 101}{2}=5050$.

一般地,自然数从 1 开始,逐个相加,一直加到 n,它们的和 $S=\dfrac{n(n+1)}{2}$. (1)

为叙述方便起见,我们现在引入数列的概念.数列,顾名思义,就是按一定顺序排列的一串数.如:正整数数列 $1,2,3,\cdots,n,\cdots$;正偶数数列 $2,4,6,\cdots,2n,\cdots$;等等.数列中的数称为它的项.第 1 项也叫首项,通常用 a_1 表示,第 2 项用 a_2 表示,⋯,第 n 项用 a_n 表示.

更一般地,从第 2 项起,每一项减去它前面一项的差是常数的数列称为等差数列.如上面提到的正整数数列、正偶数数列等.这个常数称为公差,用 d 表示.同学们若有兴趣,利用倒项相加的方法,不难推得等差数列 $a_1,a_2,\cdots,a_n,\cdots$ 的前 n 项和为 $S_n=\dfrac{n(a_1+a_n)}{2}$. (2)

例 1 计算:$\dfrac{1}{2}+\left(\dfrac{1}{3}+\dfrac{2}{3}\right)+\left(\dfrac{1}{4}+\dfrac{2}{4}+\dfrac{3}{4}\right)+\left(\dfrac{1}{5}+\dfrac{2}{5}+\dfrac{3}{5}+\dfrac{4}{5}\right)+\cdots+\left(\dfrac{1}{60}+\dfrac{2}{60}+\cdots+\dfrac{59}{60}\right)=$____________.

解析:如果我们注意到每个括号内都是同分母分数的和,它们的分子依次是小于分母的所有正整数,根据开始几个括号的计算结果,观察出规律,结合使用(1)式,则有,原式 $=\dfrac{1}{2}+\dfrac{2}{2}+\dfrac{3}{2}+\cdots+\dfrac{1}{60}\times\dfrac{59\times(1+59)}{2}=\dfrac{1}{2}\times(1+2+3+\cdots+59)=\dfrac{1}{2}\times\dfrac{59\times(1+59)}{2}=885$.

例 2 某学生将连续正整数 $1,2,3,\cdots$ 逐个相加,直到某个正整数为止,由于计算时漏加了一个正整数而得出了错误的和值 2018,则漏加的正整数是________.

解析:设漏加的正整数为 m,由(1)式可知,从 1 加到 n,和为 $\dfrac{1}{2}n(n+1)$,于是有 $\dfrac{1}{2}n(n+1)=2018+m(1\leqslant m\leqslant n)$.为了确定 m 的值,我们适当选取 n:当 $n=63$ 时,$m=-2$;当 $n=64$ 时,$m=62$;当 $n=65$ 时,$m=127$.故漏加的正整数只能是 62.

连线问题

在数学教材和近几年的各种测试中,出现了一些涉及连线问题的题目,这里通过几个例子,来帮助大家探讨一下这类问题的解答思路.

例 1 如果线段 AB 上有 9 个点,依次记作 $C_1,C_2,\cdots,C_9$,那么以 $A,C_1,C_2,\cdots,C_9,B$ 为端点的线段共有__________条.

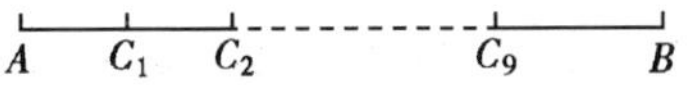

图 1

思路 1:如图 1,以 A 为端点的线段,从 A 向右数,有 $AC_1,AC_2,\cdots,AC_9,AB$ 共 10 条;以 C_1 为端点的线段,从 C_1 向右数,有 C_1C_2,$C_1C_3\cdots,C_1C_9,C_1B$ 共 9 条(为什么不考虑 C_1A 呢?);……;以 C_9 为端点的线段只有唯一的 1 条 C_9B.因此,以 $A,C_1,C_2,\cdots,C_9,B$ 为端点的线段共有 $10+9+8+\cdots+2+1=11\times5=55$(条).

像这样总是从左向右找,而不往左看的方法,有人戏称为“一往无前”.这种做法可以有效地避免计数的重复和遗漏.

思路 2:以 A 为端点的线段有 10 条.同样地,以 $C_1,C_2,\cdots,C_9,B$ 为端点的线段也各有 10 条,共有 10×11 条.但每条都重复过一次,如 AC_1 与 C_1A,故总数为 $110\div2=55$(条).

思路 3:从 $A,C_1,C_2,\cdots,C_9,B$ 中任选其一作为线段的端点,有 11 种选法,在确定线段的另一端点时,只能从首次选过后剩下的 10 个点中选取,有 10 种选法.此时,我们确定了 11×10 条线段,其中恰有一半是重复出现的,故总数为 55 条.

以上的三种解题思路中,都不同程度地渗透了分类的思想.一般地,设以 $A_1,A_2,\cdots,A_n$ 为端点的线段条数为 C,则 $C=\dfrac{n(n-1)}{2}$. (1)

利用(1)式可以比较简便地求解连线问题.

例2　在圆上有 7 个点 A,B,C,D,E,F 和 G,连接每两个点的线段共可作出__________条.

本例由同学们自行解之,答案是 21.

例3　凸 n 边形的对角线共有 945 条,则边数 $n=$__________.

略解: 由(1)式知,凸 n 边形的 n 个顶点可以连成$\frac{n(n-1)}{2}$条线段,其中有 n 条是凸 n 边形的边,它的对角线共有$\frac{n(n-1)}{2}-n=\frac{n(n-3)}{2}$条.于是有$\frac{n(n-3)}{2}=945$.解之,得 $n=45$(负值舍去).

例4　3 个球队进行单循环比赛(参加比赛的每一个球队都与其他球队各赛一场),总的比赛场数是多少? 4 个球队呢? 5 个球队呢? 写出 m 个球队进行单循环比赛时总的比赛场数 n 的公式.

如果把 A,B 两个球队比赛一场看作连接一条以 A,B 两点为端点的线段,这个问题就可以转化为连线问题简便求解.你不妨试一试.

例5　把一个圆 24 等分,以其中任意 3 个等分点为顶点,都可连成一个圆内接三角形,其中直角三角形的个数是__________.

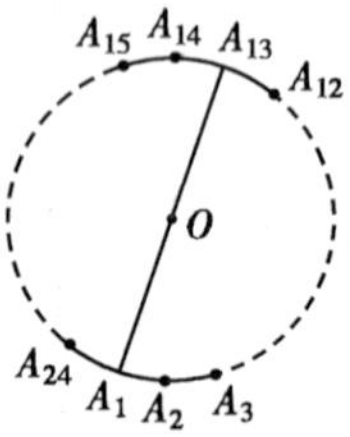

图 2

略解: 如图 2 所示,A_1,A_{13}两点关于圆心 O 对称,它们与其他 22 个等分点中的任何一个结合都可连成一个直角三角形.对于 A_2,A_{14}两点,A_3,A_{15}两点,$\cdots$,A_{12},A_{24}两点,也有类似情形,故直角三角形的个数为 $22\times12=264$.

“按图索骥”捷足先登

同学们一定听说过“按图索骥”这个成语吧！它的一层含义是按照图样去寻找好马.现在我们使用较多的“图示法”就是这一思想方法在数学中的具体应用.求解某个实际问题时,如能借助于简明直观的示意图,使复杂的数量关系明朗化,然后按图索骥,常常可以化难为易、捷足先登.

例1 A,B,C,D,E 五个球队进行单循环比赛(任何一个球队都要与其他各队比赛一场,且只比赛一场),当比赛进行到一定阶段时,统计比赛场数为 A 队 4 场,B 队 3 场,C 队 2 场,D 队 1 场,则 E 队已赛________场.

解析:如图 1,将五个队用平面上的五个点表示,两队之间已经进行过比赛的用连线标出.A 队已赛 4 场,说明它和其他各队都赛过;D 与 A 赛了 1 场;B 赛了 3 场,可见 B 与 D 没赛,与其他三个队赛过.于是,得知 E 队比赛过 2 场.

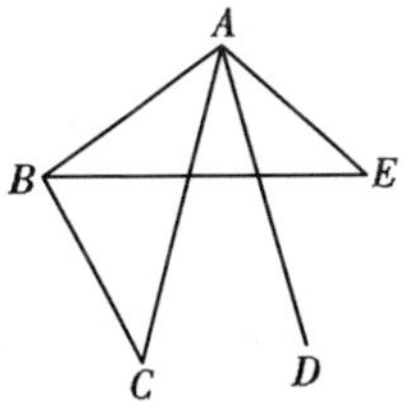

图 1

例2 小明、小强、小华三个人参加某市举办的古诗词朗诵比赛,他们是来自山阳、滨河、经开三个区的选手,并分别获得一、二、三等奖.现在知道:(1)小明不是山阳区的选手;(2)小强不是滨河区的选手;(3)山阳区的选手不是一等奖;(4)滨河区的选手得二等奖;(5)小强不是三等奖.根据上述情况,小华是________区的选手,他得的是________等奖.

解析:这是一道典型的逻辑推理题,需要把条件进行分类、综合,然后一步步确定.思考的时候要左右兼顾,否则很难确定.但是,如果采用图 2 所示连线的方法,会使问

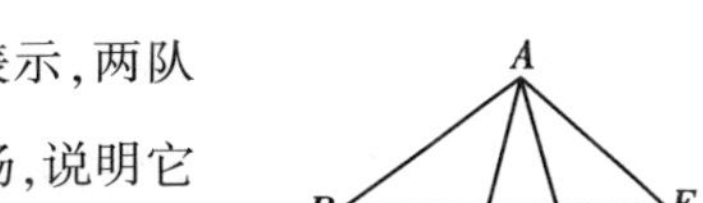

图 2

题变得很简单.先把姓名、所在的区、获奖等级依次排列在图2中.由条件(4)和(3),先把滨河区与二等奖、山阳区与三等奖分别用线连起来,剩下的经开区必与一等奖相连;由条件(2)和(5)知,小强不来自滨河区,也不来自山阳区,应与经开区相连,又由条件(1)知,小明只能与滨河区相连,于是小华只有与山阳区相连,问题获解.

例3 甲、乙两人自A,B两地同时相向而行,在距B地5千米处相遇.各自到达对方出发地时立即返回,又在距A地1千米处相遇,求A,B两地的距离.

解析:本题的常规解法是设辅助未知数,列方程组求解.比较简便的解法是利用路程比(或速度比)相等的隐含条件,直接列分式方程求解.而作出如图3的示意图,还可以用口算得出结果呢!由图3不难看出,到第二次相遇时,甲、乙共行了A,B之间三个全程.乙第一次与甲相遇时行了5千米,也就是说,乙与甲共行第一个全程时,乙行了5千米,而实际上乙行的总路程为三个5千米,减去返回的1千米(为什么?),得到A,B两地的距离为$5\times3-1=14$(千米).

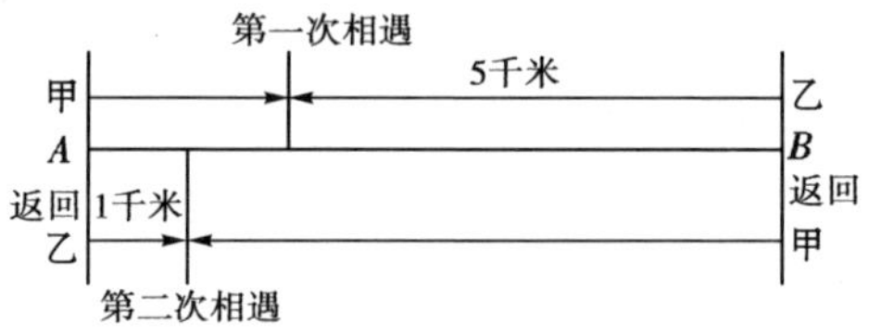

图3

下面是一道世界名题,请大家画出示意图后用算术方法解之.

例4 一组农民要把两块地的麦子收割完.大的一块麦地比小的一块麦地的面积大一倍,上午所有人都在大的那块地割麦子,到了下午,一半的人仍在大的那块地割麦子,到傍晚时割完了;另一半的人到小的那块地割麦子,到傍晚时还剩下一小块儿地没割完,这一小块儿地由一人用一天时间可以割完.问:这组农民共有多少人?

答案是8.

顺便要说明的是,图示法并不是求解一切问题的灵丹妙药.不要忘记,办事机械、死搬教条也是“按图索骥”的另一层含义呢!

分式约分中的典型错误评析

我们知道,利用分式的基本性质,借助于整式的因式分解,约去分式的分子和分母的公因式,不改变分式的值,这样的变形叫做分式的约分.约分可以使关于分式的运算、推理过程化繁为简,使计算的结果达成最简形式.但是,由于对分式的概念、意义及其运算法则等理解得不充分,我们常常不能正确恰切地实施约分.下面对此作简要的分类辨析,以期引起同学们的警觉,避免类似错误的发生.

一、不该约分时盲目约分

例1 有理式$\frac{x^2+2x-3}{x-1}$是分式,还是整式?

错解:∵ $\frac{x^2+2x-3}{x-1}=\frac{(x-1)(x+3)}{x-1}=x+3$,而 $x+3$ 是整式,故原式也是整式.

评析:判断一个式子是不是分式,只要看它原本在形式上是否符合定义的条件(分母中含有字母),而不能对分式约简,由约简的结果作出判断.

正解:∵ $\frac{x^2+2x-3}{x-1}$的分子、分母均为整式,且分母中含有字母,故原式是分式.

例2 解方程:$\frac{1}{x-1}+\frac{1}{x-2}=\frac{1}{x}+\frac{1}{x-3}$.

错解:方程两边分别通分,约去公因式$(2x-3)$,得$\frac{1}{x^2-3x+2}=\frac{1}{x^2-3x}$,去分母,整理,化简,得 $0=2$,原方程无解.

评析:方程两边约去$(2x-3)$,就是两边同除以$(2x-3)$,当 $x=\frac{3}{2}$时,$2x-3=0$,即方程两边同除以 0,违背了等式的性质,造成失根.

正解:方程两边分别通分,得$\frac{2x-3}{x^2-3x+2}=\frac{2x-3}{x^2-3x}$,去分母,得$(2x-3)(x^2-3x)=(2x-3)(x^2-3x+2)$,∴　$(2x-3)(x^2-3x)-(2x-3)(x^2-3x+2)=0$,即$-2(2x-3)=0$.∴　$2x-3=0$,$x=\frac{3}{2}$,经检验,是原方程的根.

本题还有其他的解法,并且比较简便.例如:原方程可化为$\frac{1}{x-1}-\frac{1}{x}=\frac{1}{x-3}-\frac{1}{x-2}$,分别通分,$\frac{1}{x^2-x}=\frac{1}{x^2-5x+6}$,去分母,得$x^2-x=x^2-5x+6$,即$-4x+6=0$.∴　$x=\frac{3}{2}$,经检验,是原方程的根.

二、应该约分时没有约分

例3　计算:$\frac{a}{a-b}+\frac{b^2}{ab-a^2}$.

错解:原式$=\frac{a}{a-b}-\frac{b^2}{a(a-b)}=\frac{a^2-b^2}{a(a-b)}$.

评析:分式的运算结果应化为最简分式或整式.上面的计算半途而废,须进一步约去分子、分母中的公因式.

正解:原式$=\frac{a}{a-b}-\frac{b^2}{a(a-b)}=\frac{a^2-b^2}{a(a-b)}=\frac{(a-b)(a+b)}{a(a-b)}=\frac{a+b}{a}$.

例4　计算:$\frac{12}{m^2-9}+\frac{2}{3-m}$.

错解:原式$=\frac{12}{(m+3)(m-3)}-\frac{2}{m-3}=\frac{12-2(m+3)}{(m+3)(m-3)}=\frac{-2m+6}{(m+3)(m-3)}$.

评析:结果中的分子与分母含有公因式$(m-3)$,须进行约分化简.

正解:原式$=\frac{12-2(m+3)}{(m+3)(m-3)}=\frac{-2m+6}{(m+3)(m-3)}=\frac{-2(m-3)}{(m+3)(m-3)}=-\frac{2}{m+3}$.

三、违背运算法则错误约分

例5　计算:$\frac{x^2-4x+4}{x^2+2x+1}\div\frac{x-2}{x+1}\cdot\frac{x^2+3x+2}{x-2}$.

错解:原式$=\frac{(x-2)^2}{(x+1)^2}\div\frac{x-2}{x+1}\cdot\frac{(x+1)(x+2)}{x-2}=\frac{(x-2)^2}{(x+1)^2}\div(x+2)=\frac{(x-2)^2}{(x+2)(x+1)^2}$.

评析:没有按照从左到右的同一级运算顺序进行,而是先将$\frac{x-2}{x+1}$与$\frac{(x+1)(x+2)}{x-2}$相乘、约分,导致错解.

正解:原式$=\frac{(x-2)^2}{(x+1)^2}\cdot\frac{x+1}{x-2}\cdot\frac{(x+1)(x+2)}{x-2}=x+2$.

四、将互为相反数的因式直接约分

例6 有三个分式如下:$\frac{1}{x-2}$,$\frac{x}{x+2}$,$\frac{2}{x^2-4}$.请你将这三个式子组成一个运算式子,来表示其中两个分式的商与第三个分式的差,并计算出结果.

错解:$\frac{2}{x^2-4}\div\frac{x}{x+2}-\frac{1}{x-2}=\frac{2}{(x+2)(x-2)}\cdot\frac{x+2}{x}-\frac{1}{x-2}=\frac{2}{x(x-2)}-\frac{1}{x-2}=\frac{2-x}{x(x-2)}=\frac{1}{x}$.

评析:误将$(x-2)$与$(2-x)$作为相同的因式约分而功亏一篑.

正解:$\frac{2}{x^2-4}\div\frac{x}{x+2}-\frac{1}{x-2}=\frac{2}{x(x-2)}-\frac{1}{x-2}=\frac{2-x}{x(x-2)}=-\frac{1}{x}$.

或$\frac{2}{x^2-4}\div\frac{x}{x+2}-\frac{1}{x-2}=\frac{2}{x(x-2)}-\frac{1}{x-2}=\frac{1}{x-2}-\frac{1}{x}-\frac{1}{x-2}=-\frac{1}{x}$.

例7 已知$|x-1|+(y+2)^2=0$,先化简代数式$\left(\frac{x+y}{x-y}-\frac{x-y}{x+y}\right)\left(\frac{1}{x^2}-\frac{1}{y^2}\right)$,再求值.

错解:原式$=\frac{(x+y)^2-(x-y)^2}{(x-y)(x+y)}\cdot\frac{(y+x)(y-x)}{x^2y^2}=\frac{x^2+2xy+y^2-(x^2-2xy+y^2)}{(x-y)(x+y)}\cdot\frac{(y+x)(y-x)}{x^2y^2}=\frac{4xy}{x^2y^2}=\frac{4}{xy}$.又$\because$ $|x-1|+(y+2)^2=0$,$\therefore$ $x=1$,$y=-2$,故原式$=\frac{4}{xy}=\frac{4}{1\times(-2)}=-2$.

评析:错因在于对分子、分母中$(x-y)$,$(y-x)$两个互为相反数的因式未经转化而直接约分.

正解:原式$=\frac{(x+y)^2-(x-y)^2}{(x-y)(x+y)}\cdot\frac{y^2-x^2}{x^2y^2}=\frac{4xy}{(x-y)(x+y)}\cdot\frac{-(x+y)(x-y)}{x^2y^2}=-\frac{4}{xy}$.

$\because$ $x=1$,$y=-2$,故原式$=-\frac{4}{xy}=-\frac{4}{1\times(-2)}=2$.

分式运算的一些简便方法

在进行分式运算时,如果能够根据题目的特征,正确灵活地运用一些简便方法,不但可以化繁为简,收到事半功倍之效,而且有利于同学们加深对分式的基本性质和运算法则的理解,对拓宽解题思路、提升数学素养也大有裨益.

一、整体处理

例1 计算:$\frac{x^3}{x-1}-x^2-x$.

如果把$(-x^2-x)$看作$\left(-\frac{x^2}{1}-\frac{x}{1}\right)$通分,运算就比较繁杂.我们可以把它当作一个整体对待.

解析:原式$=\frac{x^3}{x-1}-\frac{x^2+x}{1}=\frac{x^3-(x-1)(x^2+x)}{x-1}=\frac{x^3-x(x-1)(x+1)}{x-1}=\frac{x}{x-1}$.

二、有序排列

在含有多个字母的分式运算中,有时可将分母的因式按某一顺序排列,达到便于演算、减少失误的目的.

例2 计算:$\frac{a}{(a-b)(a-c)}+\frac{b}{(b-c)(b-a)}+\frac{c}{(c-a)(c-b)}$.

解析:原式$=\frac{-a}{(a-b)(c-a)}-\frac{b}{(b-c)(a-b)}-\frac{c}{(c-a)(b-c)}$

$$=-\frac{a(b-c)+b(c-a)+c(a-b)}{(a-b)(b-c)(c-a)}=0.$$

三、拆项相消

例3 计算:$\frac{a-b}{ab}+\frac{b-c}{bc}+\frac{c-a}{ca}$.

三个分式的分母两两依次轮换,并且每个分式的分子恰是分母中两个字母的差,因此可以考虑逆用分式的加法法则拆项相消.

解析:原式$=\frac{1}{b}-\frac{1}{a}+\frac{1}{c}-\frac{1}{b}+\frac{1}{a}-\frac{1}{c}=0$.

例4 计算:$\frac{1}{x^2+3x+2}+\frac{1}{x^2+5x+6}+\frac{1}{x^2+4x+3}$.

解析:原式$=\frac{1}{(x+1)(x+2)}+\frac{1}{(x+2)(x+3)}+\frac{1}{(x+1)(x+3)}=\left(\frac{1}{x+1}-\frac{1}{x+2}\right)+\left(\frac{1}{x+2}-\frac{1}{x+3}\right)+\frac{1}{(x+1)(x+3)}=\frac{2}{(x+1)(x+3)}+\frac{1}{(x+1)(x+3)}=\frac{3}{(x+1)(x+3)}$.

四、添项凑配

用添项凑配法重解例1.

解析:原式$=\frac{(x^3-x^2)+(x^2-1)+1}{x-1}-x^2-x=\frac{(x-1)(x^2+x+1)+1}{x-1}-x^2-x=\frac{x}{x-1}$.

五、逐次通分

当分式的分母排列呈现一定的规律且一次通分又比较麻烦时,可采取逐次通分的方法.

例5 计算:$\frac{1}{x-1}-\frac{1}{x+1}-\frac{2}{x^2+1}$.

解析:原式$=\frac{(x+1)-(x-1)}{x^2-1}-\frac{2}{x^2+1}=\frac{4}{x^4-1}$.

六、分组通分

例6 计算:$\frac{x-4}{x-5}+\frac{x-8}{x-9}-\frac{x-5}{x-6}-\frac{x-7}{x-8}$.

解析:原式$=\left(\frac{x-4}{x-5}-\frac{x-5}{x-6}\right)+\left(\frac{x-8}{x-9}-\frac{x-7}{x-8}\right)=\frac{-1}{(x-5)(x-6)}+\frac{1}{(x-8)(x-9)}$

$=\frac{6(x-7)}{(x-5)(x-6)(x-8)(x-9)}$.

若将第一个分式和第四个分式结合在一起,可以吗?答案是肯定的.

七、和差化积

例7 计算:$\left[\frac{1}{(a+b)^2}-\frac{1}{(a-b)^2}\right]\div\left(\frac{1}{a+b}-\frac{1}{a-b}\right)$.

若能注意到除式是两项之差,被除式恰是这两项的平方差,则可以利用平方差公式分解后化简.

本例留给同学们自行解之,答案是$\frac{2a}{(a+b)(a-b)}$.

八、字母代数

例8 计算:$\frac{2018^2+5\times2018+6}{2018^3+6\times2018^2+11\times2018+6}$.

解析:这么大的数字如何计算?用计算器?大可不必.观察多次出现的2018,用字母表示数,设$a=2018$,则原式$=\frac{a^2+5a+6}{a^3+6a^2+11a+6}$.再如何做?让因式分解来帮你的忙嘛!原式$=\frac{a^2+5a+6}{a^3+5a^2+6a+a^2+5a+6}=\frac{a^2+5a+6}{(a+1)(a^2+5a+6)}=\frac{1}{a+1}$.再将$a$的值代入,可得结果为$\frac{1}{2019}$.

在上述解法中,用字母表示数的优越性充分地凸显出来.

九、分离整式

当一个分式的分子的次数高于或等于分母的次数时,可以将该分式化为整式部分与分式部分的和,从而使运算简化.在分离整式的过程中,可以用多项式除法,这里我们用添拆项凑配法.

例9 计算:$\frac{x^3+5x^2+8x+4}{x^2+3x+2}+\frac{2x^3+13x^2+27x+18}{x^2+5x+6}-\frac{3x^3+26x^2+71x+59}{x^2+7x+12}$.

解析:原式$=\frac{x(x^2+3x+2)+2(x^2+3x+2)}{x^2+3x+2}+\frac{2x(x^2+5x+6)+3(x^2+5x+6)}{x^2+5x+6}-\frac{3x(x^2+7x+12)+5(x^2+7x+12)-1}{x^2+7x+12}=(x+2)+(2x+3)-(3x+5)+\frac{1}{x^2+7x+12}$

$=\frac{1}{x^2+7x+12}$.

例说分式运算的新题型

纵观近年来各地的数学中考试卷,对分式运算法则和算理的考查,多是中低难度的化简求值常规题,但也悄然出现了纠错、说理等一些新颖的题型,值得关注.

一、纠错型

例1 下面是小明化简分式的过程,请仔细阅读,并解答所提出的问题.

$\frac{2}{x+2}-\frac{x-6}{x^2-4}=\frac{2(x-2)}{(x+2)(x-2)}-\frac{x-6}{(x+2)(x-2)}$ ………………………… 第一步

$=2(x-2)-x+6$ ………………………… 第二步

$=2x-4-x+6$ ………………………… 第三步

$=x+2$ ………………………… 第四步

小明的解法从第________步开始出现错误,正确的化简结果是________.

解析:小明的解法从第二步开始出现错误,正确的化简结果是$\frac{1}{x-2}$.

点拨:本例抓取学生解题的易错点,考查学生对分式运算法则的理解和运用.

二、说理型

例2 按要求化简:$\frac{2}{a-1}+\frac{a+3}{1-a^2}$.

解答过程	解答步骤说明	解题依据(用文字或符号填写知识的名称和具体内容,每空一个)
$\frac{2}{a-1}+\frac{a+3}{1-a^2}$	此处不填	此处不填

续表

解答过程	解答步骤说明	解题依据(用文字或符号填写知识的名称和具体内容,每空一个)
$=\dfrac{2a+2-(a+3)}{(a+1)(a-1)}$	通分	分式的基本性质:分式的分子和分母都乘同一个不等于零的整式,分式的值不变$\left(\text{或者同分母分式相加减法则:}\dfrac{b}{a}\pm\dfrac{c}{a}=\dfrac{b\pm c}{a}\right)$
$=\dfrac{2a+2-a-3}{(a+1)(a-1)}$	去括号	________________①
$=\dfrac{a-1}{(a+1)(a-1)}$	合并同类项	此处不填
=__________②	__________③	________________④

解析:①去括号法则(略);②$\dfrac{1}{a+1}$;③约分;④分式的基本性质(略).

点拨:对解答步骤的说明和解题依据的叙述,要求学生不但要算得对、算得快,而且要知其然,更要知其所以然.

三、开放型

例 3　从三个代数式①$a^2-2ab+b^2$,②$3a-3b$,③a^2-b^2 中任意选择两个代数式构造成分式,然后进行化简,并求当 $a=6$,$b=3$ 时该分式的值.

解析:本题的答案有 6 种.如:选取①②式可得$\dfrac{a^2-2ab+b^2}{3a-3b}=\dfrac{(a-b)^2}{3(a-b)}=\dfrac{a-b}{3}$,当 $a=6$,$b=3$ 时,原式$=\dfrac{6-3}{3}=1$.

点拨:开放型的题目较好地体现了以学生为本的命题理念.

四、应用型

例 4　有大、小两辆汽车,小车每天运 m 吨货物,大车比小车每天多运 10 吨货物.现在让大车完成运送 120 吨货物的任务,小车完成运送 100 吨货物的任务,哪辆汽车完成任务用的时间少?

解析:易知,大车完成任务所用的时间为$\dfrac{120}{m+10}$,小车完成任务所用的时间为

$\frac{100}{m}$，作差：$\frac{120}{m+10}-\frac{100}{m}=\frac{20(m-50)}{m(m+10)}$. 由于 m 与 50 的数量关系不好确定，因此需分情况讨论：①当 $m-50>0$，即 $m>50$ 时，$\frac{120}{m+10}>\frac{100}{m}$，即小车完成任务用的时间少；②当$m-50=0$，即 $m=50$ 时，$\frac{120}{m+10}=\frac{100}{m}$，即两车所用时间相同；③当 $m-50<0$，即 $m<50$ 时，$\frac{120}{m+10}<\frac{100}{m}$，即大车完成任务用的时间少.

点拨：进行分式的大小比较时，常常采用"作差比较"的方法，当数量关系不能确定时，一般都需要分类讨论.

五、规律型

例5 已知直线 $y=\frac{-(n+1)}{n+2}x+\frac{1}{n+2}$（$n$ 为正整数）与坐标轴围成的三角形的面积为 S_n，则 $S_1+S_2+S_3+\cdots+S_{2018}=$__________.

解析：令 $x=0$，则 $y=\frac{1}{n+2}$，令 $y=0$，则$\frac{-(n+1)}{n+2}x+\frac{1}{n+2}=0$，解得 $x=\frac{1}{n+1}$. $\therefore\quad S_n=\frac{1}{2}\cdot\frac{1}{(n+1)(n+2)}=\frac{1}{2}\left(\frac{1}{n+1}-\frac{1}{n+2}\right)$，$\therefore\quad S_1+S_2+S_3+\cdots+S_{2018}=\frac{1}{2}\times\left(\frac{1}{2}-\frac{1}{3}+\frac{1}{3}-\frac{1}{4}+\frac{1}{4}-\frac{1}{5}+\cdots+\frac{1}{2019}-\frac{1}{2020}\right)=\frac{1}{2}\times\left(\frac{1}{2}-\frac{1}{2020}\right)=\frac{1009}{4040}$.

点拨：在求和式 $S_1+S_2+S_3+\cdots+S_{2018}$ 的值时，寻求$\frac{1}{(n+1)(n+2)}=\frac{1}{n+1}-\frac{1}{n+2}$的"拆分"规律是消项、化简的重点，也是难点，其实质是分式加减法则的逆用.

六、新定义型

例6 对 x,y 定义一种新运算 T，规定：$T(x,y)=\frac{ax+by}{2x+y}$（其中 a,b 均为非零常数），这里等式右边是通常的四则运算，例如：$T(0,1)=\frac{a\times0+b\times1}{2\times0+1}=b$.

（1）已知 $T(1,-1)=-2$，$T(4,2)=1$.

①求 a,b 的值；

②若关于 m 的不等式组 $\begin{cases}T(2m,5-4m)\leqslant4,\\T(m,3-2m)>p\end{cases}$ 恰好有 3 个整数解，求实数 p 的

取值范围.

(2)若 $T(x,y)=T(y,x)$ 对任意实数 x,y 都成立[这里 $T(x,y)$ 和 $T(y,x)$ 均有意义],则 a,b 应满足怎样的关系式?

解:(1)①∵ $T(1,-1)=\frac{a-b}{2-1}=-2$,∴ $a-b=-2$.又∵ $T(4,2)=\frac{4a+2b}{8+2}=1$,∴ $2a+b=5$.联立二式,解得 $a=1,b=3$.

②由①可得 $T(x,y)=\frac{x+3y}{2x+y}$.

依题意,得 $\begin{cases}\frac{2m+3(5-4m)}{4m+5-4m}\leqslant 4,\\ \frac{m+3(3-2m)}{2m+3-2m}>p.\end{cases}$ 分别解之,得 $m\geqslant -\frac{1}{2}$,且 $m<\frac{9-3p}{5}$,∴ 不等式组的解集为 $-\frac{1}{2}\leqslant m<\frac{9-3p}{5}$.∵ 不等式组恰好有 3 个整数解,即 $m=0,1,2$,∴ $2<\frac{9-3p}{5}\leqslant 3$,解得 $-2\leqslant p<-\frac{1}{3}$.

(2)由 $T(x,y)=T(y,x)$,得 $\frac{ax+by}{2x+y}=\frac{ay+bx}{2y+x}$,整理,得 $(x^2-y^2)(2b-a)=0$.∵ 该式对任意实数 x,y 都成立,于是,$2b-a=0$,∴ $a=2b$,即为所求.

点拨:此题具有综合性,有一定难度.解答此类问题的基本思路是“给什么,用什么”,关键是能否很快读懂并正确运用新定义的运算法则.

对一个真分数不等式的多角度探究

向一杯糖水中加入一汤匙糖，糖水变甜了还是变淡了？显而易见，变甜了。

将某个真分数的分子、分母加上同一个正数，分数的值如何变化？你一定会毫不犹豫地回答：增大。的确如此，如$\frac{1+1}{2+1}>\frac{1}{2}$，$\frac{4+7}{5+7}>\frac{4}{5}$，$\frac{11+8}{12+8}>\frac{11}{12}$，等等。

一般地，可以大胆猜测：已知正数 a,b,m，且 $a<b$，那么$\frac{a+m}{b+m}>\frac{a}{b}$。 (1)

我们形象地称(1)式为真分数不等式。如何来证明它？回顾"分式"一章的学习内容，可以知道，要比较分式的大小，同样可以采取"作差—变形—判断"的方法。

证法 1：$\because$ $\frac{a+m}{b+m}-\frac{a}{b}=\frac{(a+m)b-a(b+m)}{(b+m)b}=\frac{ab+bm-ab-am}{(b+m)b}=\frac{bm-am}{(b+m)b}=\frac{(b-a)m}{(b+m)b}$，由于 a,b,m 都是正数，并且 $a<b$，则有$(b+m)b>0$，$b-a>0$，$(b-a)m>0$，

$\therefore$ $\frac{(b-a)m}{(b+m)b}>0$，即$\frac{a+m}{b+m}-\frac{a}{b}>0$，故$\frac{a+m}{b+m}>\frac{a}{b}$得证。

由上面的证明过程得到启发，从已知条件入手，采用"拼凑"的方法，也可以达到目的。

证法 2：根据不等式的性质，$\because$ $a<b$，$m>0$，$\therefore$ $am<bm$，$ab+am<ab+bm$，不等式两边分别提取公因式，得 $a(b+m)<b(a+m)$，同时除以正数 $b(b+m)$，得$\frac{a}{b}<\frac{a+m}{b+m}$，即$\frac{a+m}{b+m}>\frac{a}{b}$，(1)式得证。

下面，再换个角度思考问题。围绕"目标式"$\frac{a}{b}<\frac{a+m}{b+m}$，在 a,b,m 都是正数的前

提条件下,将 $a<b$ 看作等价于 $\frac{a}{b}<1$,也即 $\frac{a}{b}<\frac{m}{m}$,对此,总可以找到一个"中间值" $\frac{n}{m}$,使 $\frac{a}{b}=\frac{n}{m}$,实现不等式向等式(也即比例式)的转化,借助于比例的等比性质,不难推出 $\frac{a}{b}=\frac{a+n}{b+m}$,适度放缩,即可达成目标.

证法3:∵ a,b,m 是正数,并且 $a<b$,可设 $\frac{a}{b}=\frac{n}{m}$(这里 n 是正数,且 $n<m$).

∴ $\frac{a}{b}=\frac{a+n}{b+m}<\frac{a+m}{b+m}$.

应当指出的是,当我们进入高中,学过直线的斜率和函数的单调性之后,就可以利用它们比较简便地证明上述结论了.等与不等,数与形,函数、方程与不等式,如此的多个对象之间,存在千丝万缕的联系,并且在一定条件下可以相互转化,其中的奥妙、乐趣,只有在我们不断深入的学习中用心寻觅才能体悟感受.

让我们进一步考虑这样的问题:如果在 a,b,m 是正数的前提下,将 $a<b$ 的等价条件 $\frac{a}{b}<\frac{m}{m}$ 中的 $\frac{m}{m}$ 用 $\frac{c}{d}$ 来代替,会有什么结果呢?

猜想:若 a,b,c,d 是正数,且 $\frac{a}{b}<\frac{c}{d}$,则有 $\frac{a}{b}<\frac{a+c}{b+d}<\frac{c}{d}$.　(2)

当然,仿照上述证法,运用不等式的性质,不难证得(2)式.我们并不以此为满足,还可以另辟蹊径,做些探究.想一想,已知条件中四个数皆为正数,不妨与长、宽分别为 a,d 和 c,b 的两个矩形联系起来,通过构造矩形来试一试.

证明:构造如图1所示的四个矩形,由题设 $\frac{a}{b}<\frac{c}{d}$ 推得 $ad<cb$,即 $S_2<S_3$,∴ $S_1+S_2<S_1+S_3$,即 $a(b+d)<b(a+c)$,

∴ $\frac{a}{b}<\frac{a+c}{b+d}$.又 $S_2+S_4<S_3+S_4$,即 $d(a+c)<c(b+d)$,

∴ $\frac{a+c}{b+d}<\frac{c}{d}$.于是,结论得证.

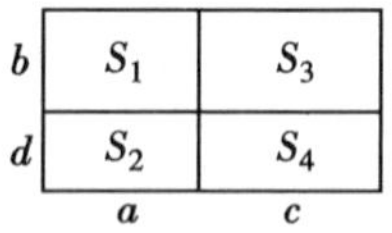

图1

有兴趣的同学可以尝试将(2)式推广,并加以证明.

无理数的发现引发的第一次数学危机

毕达哥拉斯同我国的孔子大致生活在同一时代.他曾在埃及居住了22年,从神庙的祭司那里学到了数学和天文学知识,回国以后建立了以他的名字命名的毕达哥拉斯学派.这个学派繁荣兴旺长达一个多世纪,致力于哲学与数学的研究.

他们沉醉于数学知识带来的快慰,产生了一种幻觉:数是万物的本源,数产生万物,数的规律统治万物.学派成员费劳罗斯宣称:“人们所知道的一切事物都包含数,因此,没有数,就既不可能表达,也不可能理解任何事物.”而他们所说的数,如三角形数与正方形数等等,均以几何的形式呈现.

毕达哥拉斯学派在前人的基础上,建立了“有理数”.该学派认为,数1生成所有的数,若干个1做加、减运算形成了全体整数.整数之比未必是整数,分数被看成整数之比,整数与分数构成了今天我们所说的有理数,有理数经过加、减、乘、除运算的结果仍然是有理数.客观地说,这是当时的最高水平,极大地促进了数学的发展.

毕达哥拉斯是第一个发现了勾股定理并给出了证明的欧洲人.根据勾股定理,边长为1的正方形,其对角线的长度应当是$\sqrt{2}$,但它不能转化为整数之比.相传毕达哥拉斯的门徒希帕索斯首先发现了这一事实.这是毕达哥拉斯学派的一大成就.

然而,这一发现使毕达哥拉斯学派大伤脑筋,因为他们心目中的数只有自然数与自然数之比——分数.万物皆数,就是世间万物可用自然数或分数来表示,如今发现边长为1的正方形的对角线长竟不能用“数”来表示,岂不证明自己学派的信条不是真理了吗?为了掩盖这个发现,学派的其他成员将希帕索斯抛入大海.希帕索斯大喊:“你们太无理了!”后人为了纪念希帕索斯,也为了防止悲剧重演,定义不能转化为整数之比的数为无理数.

但真理是掩盖不住的,这个发现最终还是被传播开来.当时研究数学的希腊学者们知道了有些几何线段不能用数来表示,便对数的重要性产生了怀疑,转而把几何看成更基本的数学了.于是,几何学的探究便繁荣昌盛起来.

有记录显示,第一个书写证明$\sqrt{2}$是无理数的人是亚里士多德,他是运用反证法来证明的.证明的重大意义在于它不依赖于经验与观察,而是靠抽象的思考,它标志着人类有着更高的抽象思维能力.欧几里得在《几何原本》中也引用了这个证法:

假设$\sqrt{2}$是有理数,不妨设$\sqrt{2}=\frac{q}{p}$(p,q 互质),则有 $2=\left(\frac{q}{p}\right)^2$,从而 $2p^2=q^2$,故 q^2 为偶数,但只有偶数的平方才是偶数,所以 q 为偶数,令 $q=2m$,则 $q^2=4m^2=2p^2$,所以 $p^2=2m^2$,于是 p^2 也是偶数,p 也是偶数.这与 p,q 互质矛盾,这个矛盾是由假设引起的,因此假设不成立,故$\sqrt{2}$是无理数.

毕达哥拉斯学派认为"万物皆是有理数"的信条,由于无理数的发现而产生了动摇.无理数的发现,不仅引发了学派内部的恐慌,而且引发了数学史上的第一次危机.大约 100 年以后,欧多克索斯对几何量建立了一般的比例理论,它适用于有理数与无理数,才使得这一危机暂时消除.直到 1872 年,德国数学家戴德金从连续性出发,用有理数的分割来定义无理数,并且把实数理论建立在严格的科学基础之上,从而结束了无理数被认为"不可名状"的时代,也结束了持续 2000 多年的数学史上的第一次危机.

历史一次次证明,真理是无法掩盖的.正如哥白尼的日心说、伽利略的"两个铁球同时落地"实验,希帕索斯成为他那个时代的先驱.遇到危机,我们应该学会冷静面对,有时还需要突破固有思维,用一种新的方式去解决.

“走出去，请进来”帮你化简二次根式

大家知道，$\sqrt{a^2}=|a|$，$(\sqrt{a})^2=a(a\geqslant 0)$.在进行二次根式的化简、求值运算时，如果我们能够在充分观察题设式子结构特征的基础上，正确灵活地运用二次根式的这些基本性质，适时让一些数（式）从根号下“走出去”，或者将它们从根号外“请进来”，就可以化繁为简，化难为易.这里略举几例.

例 1 计算：$(5+\sqrt{6})(5\sqrt{2}-2\sqrt{3})$.

解析：原式$=(5+\sqrt{6})(5\sqrt{2}-\sqrt{2}\cdot\sqrt{6})=\sqrt{2}(5+\sqrt{6})(5-\sqrt{6})=(25-6)\sqrt{2}=19\sqrt{2}$.

例 2 计算：$\left(\frac{3}{2}\sqrt{1\frac{2}{3}}-\sqrt{1\frac{1}{4}}\right)^2$.

解析：原式$=\left(\frac{1}{2}\sqrt{3^2\times\frac{5}{3}}-\frac{1}{2}\sqrt{5}\right)^2=\left[\frac{\sqrt{5}}{2}(\sqrt{3}-1)\right]^2=\frac{5}{4}(3+1-2\sqrt{3})=5-\frac{5}{2}\sqrt{3}$.

这一过程显然要比直接作平方运算简单.

例 3 化简：$(\sqrt{22}+\sqrt{6}+4)(3+2\sqrt{6}-\sqrt{33})$.

解析：若运用“走出去，请进来”的策略实施变形，将两个因式分别提取公因式$\sqrt{2}$，$\sqrt{3}$，并利用乘法公式，可简化计算.

原式$=\sqrt{2}\cdot\sqrt{3}(\sqrt{11}+\sqrt{3}+2\sqrt{2})(\sqrt{3}+2\sqrt{2}-\sqrt{11})=\sqrt{6}[(\sqrt{3}+2\sqrt{2})^2-(\sqrt{11})^2]$
$=\sqrt{6}(11+4\sqrt{6}-11)=24$.

例 4 化简：$\frac{\sqrt{15}+\sqrt{35}+\sqrt{21}+5}{\sqrt{3}+2\sqrt{5}+\sqrt{7}}$.

解析:若能把分子分解成$(\sqrt{7}+\sqrt{5})(\sqrt{5}+\sqrt{3})$,再和拆项重组后的分母比较,便可发现简便求解的玄机.

令原式$=x$,则 $x=\dfrac{(\sqrt{7}+\sqrt{5})(\sqrt{5}+\sqrt{3})}{(\sqrt{3}+\sqrt{5})+(\sqrt{5}+\sqrt{7})}$,$\dfrac{1}{x}=\dfrac{1}{\sqrt{7}+\sqrt{5}}+\dfrac{1}{\sqrt{5}+\sqrt{3}}=\dfrac{\sqrt{7}-\sqrt{5}}{2}+\dfrac{\sqrt{5}-\sqrt{3}}{2}$ $=\dfrac{\sqrt{7}-\sqrt{3}}{2}=\dfrac{2}{\sqrt{7}+\sqrt{3}}$.因此,原式$=\dfrac{\sqrt{7}+\sqrt{3}}{2}$.

例5 求$\dfrac{1}{2+\sqrt{2}}+\dfrac{1}{3\sqrt{2}+2\sqrt{3}}+\cdots+\dfrac{1}{100\sqrt{99}+99\sqrt{100}}$的值.

解析:若能从提取公因式入手借助于分母有理化,逆用法则$\dfrac{1}{x}\pm\dfrac{1}{y}=\dfrac{y\pm x}{xy}$,则可逐项相消求和.

原式 $=\dfrac{1}{\sqrt{2}(\sqrt{2}+1)}+\dfrac{1}{\sqrt{3}\sqrt{2}(\sqrt{3}+\sqrt{2})}+\cdots+\dfrac{1}{\sqrt{100}\sqrt{99}(\sqrt{100}+\sqrt{99})}=\dfrac{\sqrt{2}-1}{\sqrt{2}}+$ $\dfrac{\sqrt{3}-\sqrt{2}}{\sqrt{3}\sqrt{2}}+\cdots+\dfrac{\sqrt{100}-\sqrt{99}}{\sqrt{100}\sqrt{99}}=1-\dfrac{1}{\sqrt{2}}+\dfrac{1}{\sqrt{2}}-\dfrac{1}{\sqrt{3}}+\cdots+\dfrac{1}{\sqrt{99}}-\dfrac{1}{\sqrt{100}}=1-\dfrac{1}{10}=\dfrac{9}{10}$.

例6 比较$7\sqrt{6}$与$6\sqrt{7}$的大小.

解析:此题比较简单,解法很多.可将根号外的数“移”到根号内比较被开方数的大小;可将两数平方,比较其平方数的大小;也可“作差”,提取公因式后判断,即由$7\sqrt{6}-6\sqrt{7}=\sqrt{7}\sqrt{6}(\sqrt{7}-\sqrt{6})>0$,得$7\sqrt{6}>6\sqrt{7}$;还可“作商”,约去公因式后判断,即由$\dfrac{7\sqrt{6}}{6\sqrt{7}}=\dfrac{\sqrt{7^2\times6}}{\sqrt{6^2\times7}}=\sqrt{\dfrac{7^2\times6}{6^2\times7}}=\sqrt{\dfrac{7}{6}}>1\left(\text{或}\dfrac{7\sqrt{6}}{6\sqrt{7}}=\dfrac{\sqrt{7}}{\sqrt{6}}>1\right)$,得$7\sqrt{6}>6\sqrt{7}$.

一般地,我们有$n\sqrt{n-1}>(n-1)\sqrt{n}\ (n>1)$.你会证明吗?

例7 计算:$\dfrac{n+2+\sqrt{n^2-4}}{n+2-\sqrt{n^2-4}}+\dfrac{n+2-\sqrt{n^2-4}}{n+2+\sqrt{n^2-4}}\ (n>2)$.

同学们可先将$(n+2)$“请”进根号内,再把每个分式分子、分母中的公因式$\sqrt{n+2}$提取相约后简便求解.答案是n.

比较二次根式大小的“三部曲”

例1 比较 $3-\sqrt{6}$ 与 $\sqrt{6}-2$ 的大小.

解析：$\because\ (3-\sqrt{6})-(\sqrt{6}-2)=5-2\sqrt{6}=\sqrt{25}-\sqrt{24}>0$，$\therefore\ 3-\sqrt{6}>\sqrt{6}-2$.

如例1这样的求解方法，我们形象地称之为“比差法”. 它是比较二次根式大小的一种重要方法，其基本步骤是“作差—变形—判断”. 上述求解中“比差”推理的理论根据，显然是运用了如下简单有用的结论：“如果 $A-B>0$，那么 $A>B$. 反过来也是对的.”因此，要证明 $A>B$，通常只要推出 $A-B>0$ 就可以了. 当然，对于 $A-B\geqslant 0$，$A-B\leqslant 0$，$A-B<0$，也有类似结论.

例2 比较大小：$\frac{\sqrt{5}-1}{2}$________（填“>”“<”或“=”）$\frac{5}{8}$.

解法1：$\because\ \frac{\sqrt{5}-1}{2}-\frac{5}{8}=\frac{4\sqrt{5}-9}{8}=\frac{\sqrt{80}-\sqrt{81}}{8}<0$，$\therefore\ \frac{\sqrt{5}-1}{2}<\frac{5}{8}$.

解法2：$\because\ \frac{\sqrt{5}-1}{2}-\frac{5}{8}=\frac{4\sqrt{5}-9}{8}<\frac{4\times 2.24-9}{8}<0$，$\therefore\ \frac{\sqrt{5}-1}{2}<\frac{5}{8}$.

在解法1中，我们把4和9“请”进根号内，由被开方数的大小比较两个算术平方根的大小. 而在解法2中，我们将无理数 $\sqrt{5}\approx 2.236$ 放大，然后比较得出结论. 变形是“比差法”的核心环节. 为了确定差的正负符号，在作差归并后时常需要采用分解、配方等方法对式子作恒等变形，抑或适时适度地实施放缩变形，以便作出判断.

例3 与无理数 $\sqrt{31}$ 最接近的整数是 ( )

A.4　　B.5　　C.6　　D.7

解析：易知 $5<\sqrt{31}<6$，又 $\because\ \frac{11}{2}-\sqrt{31}=\frac{11-2\sqrt{31}}{2}=\frac{\sqrt{121}-\sqrt{124}}{2}<0$，

$\therefore\quad \dfrac{11}{2}<\sqrt{31}<6$,即与$\sqrt{31}$最接近的整数是6,故选C.

本例属无理数估值问题.显而易见,$\sqrt{31}$介于5和6之间,但要作出更加精准的判断,就需要借助5和6的“中位数”$\dfrac{11}{2}$来帮忙!

例4　若$a=\sqrt{n}$,$b=\sqrt{n+1}$,且n是正整数,试比较b与$a+\dfrac{1}{2}$的大小.

解析:$\because\quad b-\left(a+\dfrac{1}{2}\right)=b-a-\dfrac{1}{2}=(\sqrt{n+1}-\sqrt{n})-\dfrac{1}{2}=\dfrac{1}{\sqrt{n+1}+\sqrt{n}}-\dfrac{1}{2}<\dfrac{1}{\sqrt{n}+\sqrt{n}}-\dfrac{1}{2}=\dfrac{1}{2\sqrt{n}}-\dfrac{1}{2}<\dfrac{1}{2}-\dfrac{1}{2}=0$,$\therefore\quad b<a+\dfrac{1}{2}$.

反思上述求解过程,在利用$(\sqrt{n+1}-\sqrt{n})$与$(\sqrt{n+1}+\sqrt{n})$的倒数关系变形后,分别用$\sqrt{n}$替换$\sqrt{n+1}$,2替换$2\sqrt{n}$,两次缩小分母,放大分数,从而使问题巧妙获解.一般说来,能否紧扣题目要求,把握数(式)扩大或缩小的尺度,决定着放缩变形的成败.

例5　设$a>b>c>d>0$,且$x=\sqrt{ab}+\sqrt{cd}$,$y=\sqrt{ac}+\sqrt{bd}$,$z=\sqrt{ad}+\sqrt{bc}$,则x,y,z的大小关系为　　(　　)

A.$x<z<y$　　B.$y<z<x$　　C.$x<y<z$　　D.$z<y<x$

解析:由已知,得$\sqrt{a}>\sqrt{b}>\sqrt{c}>\sqrt{d}>0$,$\therefore\quad x-y=\sqrt{ab}-\sqrt{ac}+\sqrt{cd}-\sqrt{bd}=\sqrt{a}(\sqrt{b}-\sqrt{c})-\sqrt{d}(\sqrt{b}-\sqrt{c})=(\sqrt{a}-\sqrt{d})(\sqrt{b}-\sqrt{c})>0$.$\therefore\quad x>y$.同理可得$y>z$,$\therefore\quad x>y>z$,故选D.

想一想,由$x^2-y^2=(a-d)(b-c)>0$,推得$x^2>y^2$,$x>y$,可以吗?答案是肯定的.作为选择题,我们也可以依据题意,通过取特殊值作出判断,即设$a=2^6$,$b=2^4$,$c=2^2$,$d=1$,则$x=\sqrt{2^6\times2^4}+\sqrt{2^2\times1}=34$,$y=\sqrt{2^6\times2^2}+\sqrt{2^4\times1}=20$,$z=\sqrt{2^6\times1}+\sqrt{2^4\times2^2}=16$,$\therefore\quad x>y>z$.

烽火台的启示

烽火台是古代边防将士为及时报警而堆筑的高土台,隔一定距离即筑一座.发现外敌入侵时,一台燃起烽烟,邻台见后也立即举火,形成连锁反应,就可以很快传告全线将士做好战斗准备.

古人的这一创举,给了我们有益的启示:在数学学习中,对于一些求值、化简的题目,当运用常规思路计算十分繁杂或者难于下手时,不妨在仔细观察、分析题目特征的基础上,活用一些法则、公式和定理,努力创造"连锁反应"的条件,进行递推变形,以达到化难为易、简便求解的目的.请看下面的几个例子.

例 1　计算:$3\times5\times17\times257+1$.

解析:看到题目以后,也许你会不假思索地从 $3\times5=15$ 入手逐个求积后求和.这样做太麻烦,也容易出错.细心观察后你会发现,连乘积中的四个数都是奇数,可以表示成偶数与 1 的和的形式.于是,原式可变形为$(2+1)(4+1)(16+1)(256+1)+1$.更进一步来看,该式中每个括号内的偶数都是 2 的正整数次幂,且后一个括号内的两个数分别是前一个括号内两个数的平方.此时,自然会联想到公式$(a-b)(a+b)=a^2-b^2$,在乘积式的前面乘$(2-1)$就可以引发"连锁反应",很快求出结果 2^{16}.

例 2　计算:$\frac{1}{2}+\frac{1}{4}+\frac{1}{8}+\frac{1}{16}+\frac{1}{32}+\frac{1}{64}+\frac{1}{128}+\frac{1}{256}$.

解析:本题可仿例 1 构造出$(2-1)$"连锁反应因子",用其中的 2 和-1分别乘原式的每一项求解.但更为简捷的方法是:原式先加上$\frac{1}{256}$,然后再减去$\frac{1}{256}$.这种做法的几何解释如图 1.

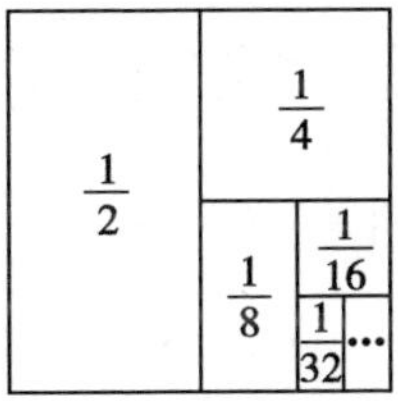

图 1

$$原式=\left[\left(\frac{1}{2}+\frac{1}{4}+\frac{1}{8}+\frac{1}{16}+\frac{1}{32}+\frac{1}{64}+\frac{1}{128}+\frac{1}{256}\right)+\frac{1}{256}\right]-\frac{1}{256}$$

$$=\left(\frac{1}{2}+\frac{1}{4}+\frac{1}{8}+\frac{1}{16}+\frac{1}{32}+\frac{1}{64}+\frac{1}{128}+\frac{1}{128}\right)-\frac{1}{256}$$

$$=\left(\frac{1}{2}+\frac{1}{4}+\frac{1}{8}+\frac{1}{16}+\frac{1}{32}+\frac{1}{64}+\frac{1}{64}\right)-\frac{1}{256}=\cdots=1-\frac{1}{256}=\frac{255}{256}.$$

由以上两例不难看出，递推变形的目标是使乘积式中的因式相约，和式中的项相消，问题的关键是设法创造“连锁反应”的条件.

例 3 阅读下列材料：

$\because$ $\frac{1}{1\times3}=\frac{1}{2}\left(1-\frac{1}{3}\right)$，$\frac{1}{3\times5}=\frac{1}{2}\left(\frac{1}{3}-\frac{1}{5}\right)$，$\frac{1}{5\times7}=\frac{1}{2}\left(\frac{1}{5}-\frac{1}{7}\right)$，$\cdots$，$\frac{1}{17\times19}=\frac{1}{2}\left(\frac{1}{17}-\frac{1}{19}\right)$，$\therefore$ $\frac{1}{1\times3}+\frac{1}{3\times5}+\frac{1}{5\times7}+\cdots+\frac{1}{17\times19}=\frac{1}{2}\left(1-\frac{1}{3}\right)+\frac{1}{2}\left(\frac{1}{3}-\frac{1}{5}\right)+\frac{1}{2}\left(\frac{1}{5}-\frac{1}{7}\right)+\cdots+\frac{1}{2}\left(\frac{1}{17}-\frac{1}{19}\right)=\frac{1}{2}\left(1-\frac{1}{3}+\frac{1}{3}-\frac{1}{5}+\frac{1}{5}-\frac{1}{7}+\cdots+\frac{1}{17}-\frac{1}{19}\right)=\frac{1}{2}\left(1-\frac{1}{19}\right)=\frac{9}{19}$.

解答问题：(1)在和式$\frac{1}{1\times3}+\frac{1}{3\times5}+\frac{1}{5\times7}+\cdots+\frac{1}{17\times19}$中，第 5 项为________，第 n 项为________. 上述求和的想法是：通过逆用________法则，将和式中各分数转化为两个实数之差，使得除首末两项外的中间各项可以________，从而达到求和的目的.

(2)解方程：$\frac{1}{\sqrt{x}(\sqrt{x}+2)}+\frac{1}{(\sqrt{x}+2)(\sqrt{x}+4)}+\cdots+\frac{1}{(\sqrt{x}+8)(\sqrt{x}+10)}=\frac{5}{24}$.

本例留给大家作为练习，答案：(1)$\frac{1}{9\times11}$　$\frac{1}{(2n-1)(2n+1)}$　分数减法　互相抵消　(2)$x=4$

欧几里得与《几何原本》

欧几里得(Euclid,约前330—前275)生于希腊的亚历山大城,曾受教于柏拉图学派.他自幼勤奋好学,并养成了对一切问题都认真探讨的良好习惯.

相传在欧几里得生活的那个年代里,埃及的尼罗河年年泛滥,两岸的农田地界尽被淹没.每次洪水过后,人们不得不设法丈量土地,重新勘定田地的边界.于是,测量土地的方法就应运而生了.这些原始的几何学知识后来传到了希腊.欧几里得将这些零碎的材料加以搜集整理,把泰勒斯、尤多苏斯等知名数学家对几何问题的证明用比较简洁的语言表达出来,并把它们纳入一个较为严密的逻辑系统,写出了在世界上流传至今的《几何原本》.

《几何原本》的内容极为丰富,共有13卷,其中第1~4卷讲平面几何的性质、多边形和圆,第5卷讲比例,第6卷讲相似形,第7~9卷讲数论,第10卷讲可公度与不可公度,第11~13卷主要讲立体几何知识.《几何原本》从5个公设(如从每一点到另一点可引直线,每条直线都可以无限延长,凡直角都相等,等等)和5个公理(如等量加等量和相等,等量减等量差相等,等等)入手,用逻辑推理的方法演绎出内容极为丰富的几何知识.该书中有不少关于面积和体积的证明,如“圆与圆的面积之比等于直径平方之比”.在证明这个定理时,欧几里得运用了极限的思想.他首先证明圆可以被多边形“穷竭”,即圆与某一边数足够多的正多边形面积之差,可以比任何给定的量还要小.这一思想到了17世纪被人们称为“穷竭法”.

《几何原本》也存在缺陷,如一些定义含糊,容易发生歧义,公理系统还不甚完备,有的证明也不够严密等,特别是第5公设引起了人们的怀疑.19世纪俄国数学家罗巴切夫斯基用一个与第5公设不同的公理来代替,从而创立了非欧几何学.尽管如此,《几何原本》在数学发展史上的地位及其影响依旧无可替代.它叙述并证明了几千年来人类有关点、线、圆和立体几何的一些简单知识，为数学的发展奠定了良好的基础.它是整个人类文明发展史的里程碑，是人类文化遗产中妙用无穷的瑰宝.《几何原本》是世界上最早使用公理法进行演绎推理的一个典型，而且在以后两千多年里一直统治着中学讲台.自 17 世纪初《几何原本》传入我国以来，对我国数学的发展一直起着不可替代的作用.近几十年来，著名数学家华罗庚、陈景润研究的数论，其中有的定理也来自《几何原本》.

欧几里得是一位很讲究证明方法的学者.有些数学证明题比较复杂，一时难以解决，但如果精心选择证法，往往可以化难为易，做到事半功倍，甚至有些长期悬而未决的问题也能够迎刃而解."一共有多少个素数?"这在一个相当长的时期内始终是个谜，而欧几里得用反证法极其简练地证明了它.其证法是：假设只存在有限个素数，不妨设为 $p_1,p_2,\cdots,p_n$，此外，再没有更大的素数了，而 $p_1\times p_2\times\cdots\times p_n+1$，或者是一个素数，它显然比 $p_1,p_2,\cdots,p_n$ 都大，或者它包含比它们都大的素数因子.不论哪一种情况，总有更大的素数存在，这就产生了矛盾.因此，"只有有限个素数"的假设错误，从而断定有无穷多个素数.这个证法充分显示了欧几里得的智慧和灵活性.

欧几里得的数学著作，除《几何原本》外，还有《二次曲线》《辨伪术》等.这位数学大家对物理学、天文学也有一定研究，并有《光学》《镜面反射》等不少著作出版.

欧几里得是一位温良敦厚的教育家，对有志数学之士，总是循循善诱，但反对不肯刻苦钻研、投机取巧的作风，也反对狭隘实用观点.据普罗克洛(约 410—485)记载，托勒密国王曾经问欧几里得除了他的《几何原本》，还有没有其他学习几何的捷径.欧几里得回答说："在几何里，没有专为国王铺设的大道."有人曾记述了另一则故事，说一个学生学了第一个定理后，就问欧几里得学了几何之后将得到些什么.欧几里得叫过来一个仆人，吩咐道："给他三个便士，因为他学了一点东西便要求有所得."

博学多才的祖冲之

公元429年,祖冲之出生在一个世代对天文历法有所研究的家庭,家学渊源是他从事科学活动极为有利的条件.祖冲之自幼就对数学和天文学有着非常浓厚的兴趣.因其聪慧勤奋,且小有名气,深受宋孝武帝赏识,被送进华林学省,这是祖冲之进行科学研究的重要一步.华林园乃国家藏书讲学之所,祖冲之在这里博览群书,思考问题,进行科学研究.后来,祖冲之离开华林园,进入仕途,公元500年,祖冲之去世.

祖冲之熟读经诗,在文史哲方面造诣颇深,著述颇丰.

祖冲之在科学技术领域也有重要的贡献.天文学方面,他仔细研究各家古历,特别是当时国家颁布施行的《元嘉历》,批判地继承了前人的工作,并以长期的天文观测实践为基础,运用他精湛的数学知识,编撰出当时最好的历法《大明历》.利用《大明历》进行推算,从公元436年到459年期间发生的四次月食的时间和月亮在天空的位置,与实际情况完全一致.祖冲之还测出地球绕太阳公转一周的时间为365.24281481日,这一数据与近代科学所测的数据仅差50秒.

祖冲之治学严谨,实事求是,敢于创新.他认为古人的一切理论都要加以核验.星球运行,"非出神怪,有形可验,有数可推".为创作一部精密的历法,他辛勤奋力,"亲量圭尺,躬察仪漏,目尽毫厘,心穷筹策,考课推移,又曲备其详".当新历法的推行受到顽固守旧派的阻挠时,他坚持真理,不畏权贵,据理反驳,绝无退缩.

祖冲之博古通今,并忠于人民和国家.他长期为官,在朝廷和地方都有工作经验,又能深入实际,体察民情.他在任长水校尉期间,写出《安边论》,提出屯田垦殖、扩大耕地、安定边疆、巩固国防的建议,得到齐明帝萧鸾的赞赏和采纳.

祖冲之是我国历史上继刘徽之后的又一位伟大的数学家.他在圆周率研究、

球体积计算、剩余式组以及二次方程、三次方程求解等方面都有杰出贡献.特别是有关圆周率的计算.传说他曾在地上画了一个直径一丈的圆(如图 1),并从正六边形、正十二边形开始,一直用针尖画出了正二万四千五百七十六边形,经反复计算,得到 $3.1415926<\pi<3.1415927$,这是世界上最早算出的精确到小数点后六位的圆周率,祖冲之还用$\frac{355}{113}$近似地代替 π,称之为密率.这是祖冲之的一项重大发现.在欧洲,有人称圆周率的这个近似值为“安东尼兹率”.然而事实上,安东尼兹迟于祖冲之 1100 年.因此,日本数学史学家三上义夫在 1912 年提出应称$\frac{355}{113}$为“祖率”,这是公正的.

图 1

有关球体积的计算,祖冲之与他的儿子祖暅一起找到了球体积的计算公式 $V=\frac{\pi}{6}D^3$.其中用到了“幂势既同则积不容异”的“祖暅原理”.用现在的话来说,就是等高处横截面积都相等的两个几何体的体积必相等.直到 1100 年后,意大利数学家卡瓦利里(B. Cavalieri)才提出与之有相仿意义的公理.

此外,祖冲之还注解了《九章算术》,并著《缀术》.《缀术》在唐代作为数学教育的课本,以“学官莫能究其深奥”而著称,可惜这部珍贵的典籍早已失传.

尺规作图 ABC

用直尺作直线和用圆规作圆,早在原始时期已经萌芽.在我国山东出土的古汉墓中,已有“伏羲手执矩、女娲手执规”的画像.其中的“规”与今天的圆规十分相像,而“矩”是两个直交的直尺.我国甲骨文中已有“规”“矩”二字.矩的使用是我国古典数学的特长.它既可以用来作直线、直角,又可以代替圆规,更多的是用于测量.

古希腊人也用尺规作图,他们对作图的工具有严格的限制,规定作图只能用直尺和圆规,而他们所谓的直尺没有刻度,并在二者单独使用的条件下,限于有限步骤内完成.这就是今天平面几何中的尺规作图.其中,直尺用于作直线、线段、射线或延长线段,圆规用于作圆或圆弧.

最基本、最常用的尺规作图称为基本作图.它主要包括五种:①作一条线段等于已知线段;②作一个角等于已知角;③平分已知角;④经过一点作已知直线的垂线;⑤作线段的垂直平分线.

尺规作图的叙述必须使用规范、精练、准确的作图语言.而作图语言既不同于日常语言,也不同于几何证明语言.对于初学平面几何的同学来说,可能产生对作图语言读不懂、不会说等语言障碍.因此,可采用“模拟范句”的方式,在作图操作过程中逐步加深理解和记忆.常用的作图范句有:①过点×,点×作直线××,或作直线××,或作射线××;②连接两点×,×,或连接××;③在××上截取××=××;④以点×为圆心,以××为半径作圆(或弧);⑤以点×为圆心,以××为半径作弧,交××于点×;⑥分别以点×,点×为圆心,以××,××长为半径作弧,两弧相交于点×,×;⑦延长××到点×,或延长××到点×,使××=××;等等.

作图语言是数学语言的一部分,通过对尺规作图的学习及作图语言的训练,同学们的数学素养会有大的提高.

尺规作图的一般步骤是已知、求作、分析、作法、证明、讨论.对于一些较为复杂的作图题,要经过深入细致的分析,才能找到作图的根据和方法.因为在初中阶段对作图的要求并不高,所以一般只需写出已知、求作、作法就行了.在多数情况下,都不要求写出具体的作法,只需保留作图痕迹.

尺规作图与画图不同,画图可使用量具,如刻度尺、量角器等,但尺规作图只能使用直尺和圆规,而且不能随便画,必须步步有据.

例1 数学课上,老师提出如下的尺规作图问题.

已知:$\angle AOB$.

求作:$\angle AOB$ 的平分线.

小明的作法如下:

(1)以 O 为圆心,适当长为半径作弧,交 OA 于点 M,交 OB 于点 N.

(2)分别以 M,N 为圆心,大于$\frac{1}{2}MN$ 的长为半径作弧,两弧在$\angle AOB$ 的内部交于点 C.

(3)作射线 OC.

如图 1.

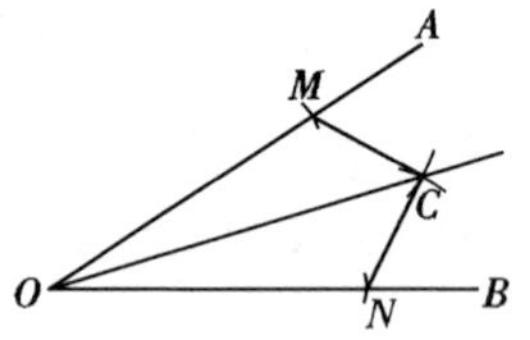

图 1

老师说:“小明的作法正确.”

请回答:小明的作图依据是________________________.

答案:三边分别相等的两个三角形全等(SSS);两点确定一条直线

利用基本作图可进行较复杂的几何作图.这时,在作法中属于基本作图的部分,不必写出其作法的详细过程,只需概括叙述就行了.以上五种基本作图可概括叙述为:①作线段××=××;②作∠×××=∠×××;③作××(射线)平分∠×××;④过点×作××⊥××,垂足为×;⑤作线段××的垂直平分线××.

例2 已知两角和其中一角的对边,求作三角形.

已知:$\angle 1$,$\angle 2$ 和线段 a,如图 2(1).

求作:$\triangle ABC$,使$\angle A=\angle 2$,$\angle B=\angle 1$,$BC=a$.

分析:本题不能直接根据已知条件作出所要求的三角形,需要先求出($\angle 1+\angle 2$)的补角,然后根据已知两角和它们的夹边,作出三角形.

作法:(1)作直线 MN,并在 MN 上取一点 O,如图 2(2).

(2)以 ON 为一边,在 ON 的同侧顺次作 $\angle NOP=\angle 1$, $\angle POQ=\angle 2$,如图 2(2).

(3)作线段 $BC=a$,如图 2(3).

(4)分别以 B,C 为顶点,在 BC 的同侧作 $\angle CBD=\angle 1$, $\angle BCE=\angle QOM$, BD 和 CE 相交于点 A,如图 2(3).

则 $\triangle ABC$ 即为所求.

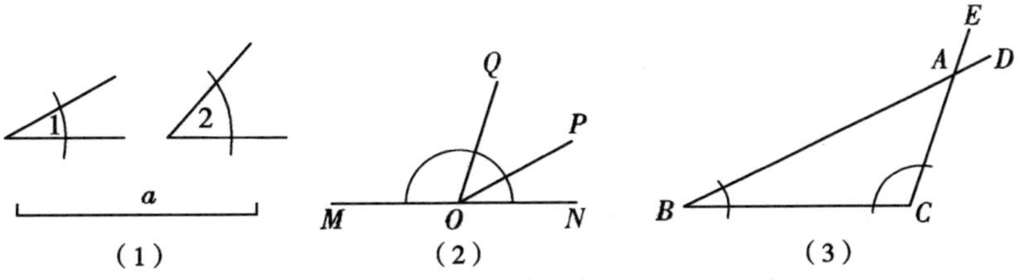

图 2

证明:由作法可知 $BC=a$, $\angle CBA=\angle 1$, $\angle C=\angle QOM=180°-\angle 1-\angle 2$,

$\therefore$ $\angle BAC=180°-\angle 1-(180°-\angle 1-\angle 2)=\angle 2$.故 $\triangle ABC$ 为满足条件的三角形.

注意:“分析”“证明”两个步骤不必写出.

以下两个题目留给大家作为练习.

1.已知 $\triangle ABC(AC<BC)$,用尺规作图的方法在 BC 上确定一点,使 $PA+PC=BC$,则符合要求的作图痕迹是 (　　)

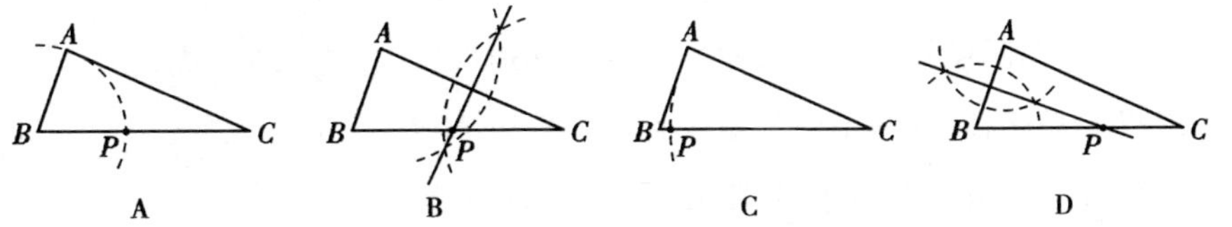

2.两个城镇 A,B 与两条公路 ME,MF 的位置如图 3 所示,其中 ME 是东西方向的公路.现电信部门需在 C 处修建一座信号发射塔,要求发射塔到两个城镇 A,B 的距离必须相等,到两条公路 ME,MF 的距离也必须相等,且在 $\angle FME$ 的内部.那么点 C 应选在何处?请在图中,用尺规作图找出符合条件的点 C.(不写已知、求作、作法,只保留作图痕迹)

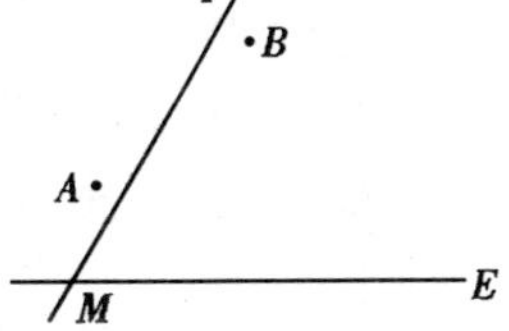

图 3

尺规作图的三大难题

大约在公元前 6 世纪至公元前 4 世纪之间，古希腊的几何学家提出了如下 3 个著名的尺规作图问题：

1. 三等分角问题：把一个任意已知角三等分.

2. 立方倍积问题：作一个立方体，使其体积为已知立方体体积的 2 倍.

3. 化圆为方问题：作与已知圆等面积的正方形.

在今天我们所能看到的关于这三个问题的文字材料中，有不少是以传说或迷信的形式出现的. 传说不足为凭，迷信更不可信. 它们的起源实际上是一些几何作图问题的延伸. 根据史料记载，当时的希腊人已经知道用尺规二等分线段和已知角这些简单的问题，在这个时候提出能否用尺规三等分已知角的问题是自然的. 同样，在解决了用尺规对已知的正方形面积加倍方法之后，提出对已知立方体的体积加倍问题也是自然的. 在几何学中用尺规求作一个图形，使其同已知的图形面积相等的问题是很多的. 有人就曾经证明，图 1 中的等腰直角三角形 AOB 同“月牙形”$AEBD$ 的面积相等. 那么，提出化圆为方问题也就没有什么奇怪的了.

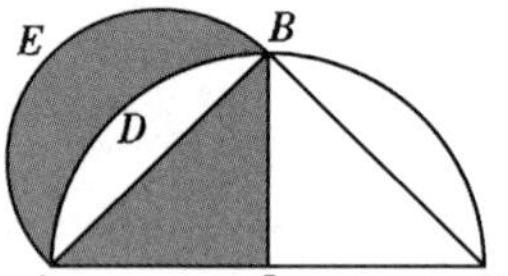

图 1

对于上述三个举世瞩目的数学问题，两千多年来，无数人的聪明才智倾注其中而毫无结果. 于是，人们逐渐开始怀疑这三个问题是不能仅用尺规来作图的. 1775 年，法国科学院作出决议，不再审查有关这方面的“论文”. 1837 年，23 岁的法国数学家万芝尔给出了三等分角和立方倍积不可能性的证明. 又过了 45 年，德国数学家林德曼给出了化圆为方不可能性的证明. 至此，延续两千多年的难题得以解决.

要证明这三个几何作图不能问题，需要借助于以下简单有用的结论：尺规作图仅能作出由已知线段施以加、减、乘、除和开平方运算所确定的线段. 有了高中阶段解析几何的初步知识以后，我们就很容易验证这个结论的合理性.

三大难题难就难在对作图工具的使用作了种种限制. 如果没有那些苛刻的规定，甚至只要稍微放宽一点，它们就算不上什么难题了. 数学家阿基米德就曾给出一种“巧妙”的三等分任意角的方法. 其作法如下：

先在一直尺上作两个标记 F, G，设 $FG=a$. 如图 2，设 $\angle AOB$ 为已知角，以 O 为圆心，a 为半径作圆交 OB 于点 C. 过点 C 用上述直尺作直线 CE，与 AO 的延长线交于点 E，与 $\odot O$ 交于点 D，并使 $ED=a$. 因为 $OC=OD=DE=a$，有 $\angle 1=\angle 2$, $\angle 3=\angle 4$. 又 $\angle 3=2\angle 1$，故 $\angle 4=2\angle 1$，推得 $\angle AOB=3\angle 1$，也即 $\angle CEA=\dfrac{1}{3}\angle AOB$.

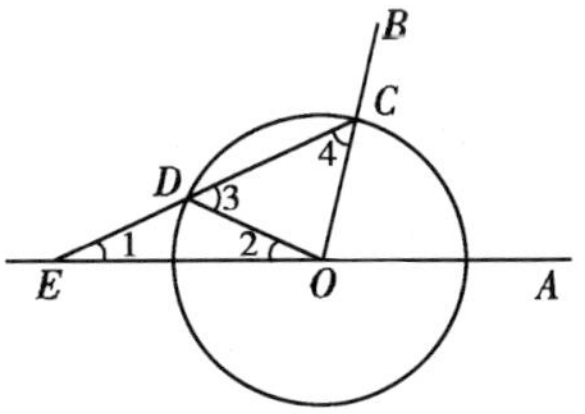

图 2

当然，对于某些特殊角（比如平角和直角），我们可以根据几何中的有关定理，用尺规把它们三等分. 另外，对于化圆为方问题，若允许利用圆柱，则更简单.

问题：已知一个圆的半径为 r，求作一个正方形，使它的面积为 πr^2.

作法：(1) 如图 3，作一个上、下底面都为半径为 r 的已知圆、高为 $\dfrac{1}{2}r$ 的圆柱，用这个圆柱在平面上滚动一周，所形成的长方形就是圆柱的侧面积，它等于 $\dfrac{1}{2}r\cdot 2\pi r$，即等于已知圆的面积 πr^2.

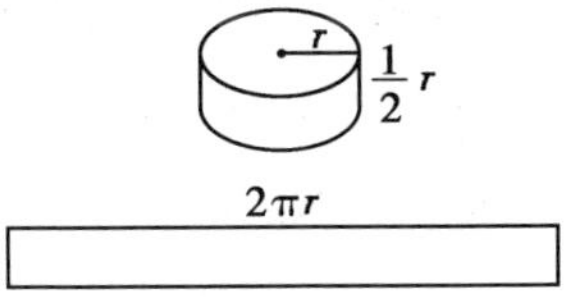

图 3

(2) 运用尺规作图法求作一个正方形，使它等于已知长方形的面积（这个问题在学过圆的有关知识后，是不难解决的）.

问题似乎已经解决了！这个方案属于文艺复兴时期的重要代表人物达·芬奇. 它虽然奇妙，但并不规范，因此未获得承认.

一题多证　适时拓展

例　如图1,如果 $AB/\!/CD/\!/EF$,那么 $\angle BAC+\angle ACE+\angle CEF$ 等于　（　　）

A.180°　　B.270°　　C.360°　　D.540°

这是许多课本上都有的一道十分简单的题目.我们先来探究它的基本变式及其多种证法.

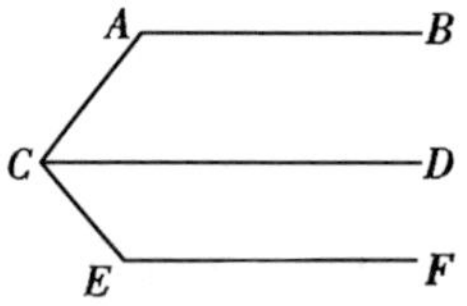

图1

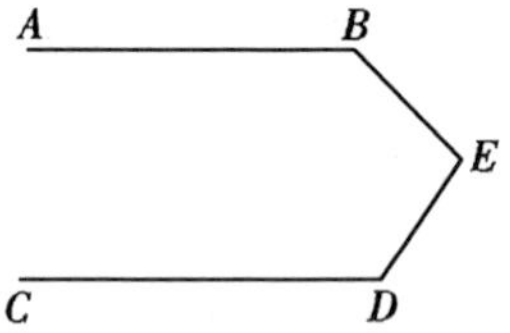

图2

变式1　如图2,已知 $AB/\!/CD$.求证:$\angle ABE+\angle BED+\angle EDC=360°$.

证法1:如图3,过点 E 作 $EF/\!/AB$.∵ $AB/\!/CD$,∴ $EF/\!/CD$.∴ $\angle ABE+\angle 1=180°$,$\angle 2+\angle EDC=180°$.∴ $\angle ABE+\angle 1+\angle 2+\angle EDC=360°$,即 $\angle ABE+\angle BED+\angle EDC=360°$.

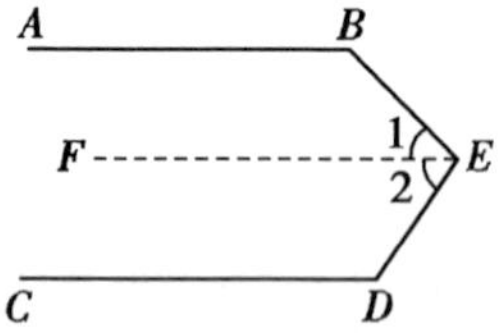

图3

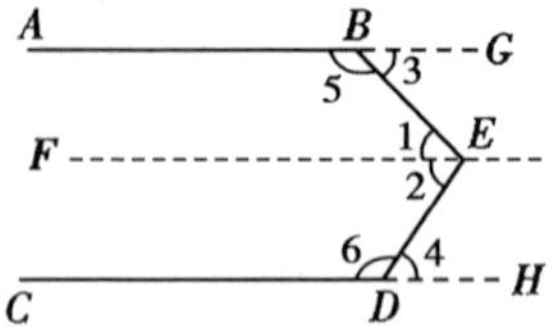

图4

证法2:如图4,延长 AB 至 G,延长 CD 至 H,作 $EF/\!/AB$.∵ $AB/\!/CD$,∴ $EF/\!/CD$.∴ $\angle 1=\angle 3$,$\angle 2=\angle 4$.又∵ $\angle 3+\angle 5=180°$,$\angle 4+\angle 6=180°$.∴ $\angle 5+\angle 1+\angle 2+\angle 6=\angle 5+\angle 3+\angle 4+\angle 6=180°+180°=360°$,故 $\angle ABE+\angle BED+\angle EDC=360°$.

证法3:如图5,过点 D 作 $DF/\!/BE$,交 AB 于点 F,则 $\angle B+\angle 2=180°$,$\angle E+$

$\angle 1=180°$. $\because$ $AB\parallel CD$（已知），$\therefore$ $\angle 2=\angle 3$. $\therefore$ $\angle E+\angle 1+\angle 3+\angle B=\angle E+\angle 1+\angle 2+\angle B=180°+180°=360°$，故 $\angle ABE+\angle BED+\angle EDC=360°$.

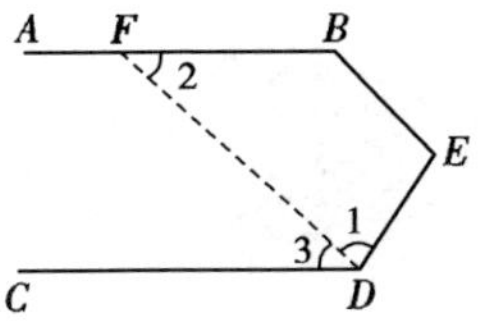

图 5

如图 6，连接 BD，或如图 7，延长 BE 交 CD 的延长线于点 F，又可以得到两种不同的证法. 请同学们自己完成.

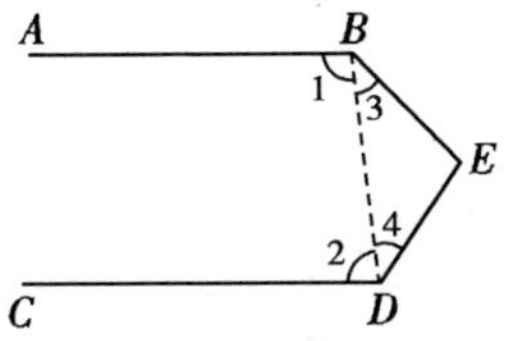

图 6

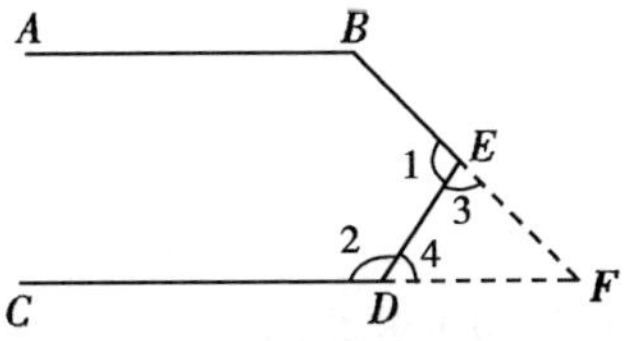

图 7

当 E 点不是在两条平行线之间"凸"出来，而是"凹"进去或者位于两条平行线外侧时，我们还可以有如下变式：

变式 2　如图 8，已知 $AB\parallel CD$，$\angle ABE$，$\angle BED$ 和 $\angle EDC$ 之间存在什么数量关系？

变式 3　如图 9，已知 $AB\parallel CD$，在下列两个图形中 $\angle AEC$ 与 $\angle EAB$，$\angle ECD$ 之间存在什么数量关系？

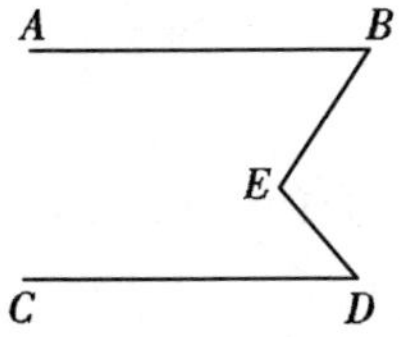

图 8

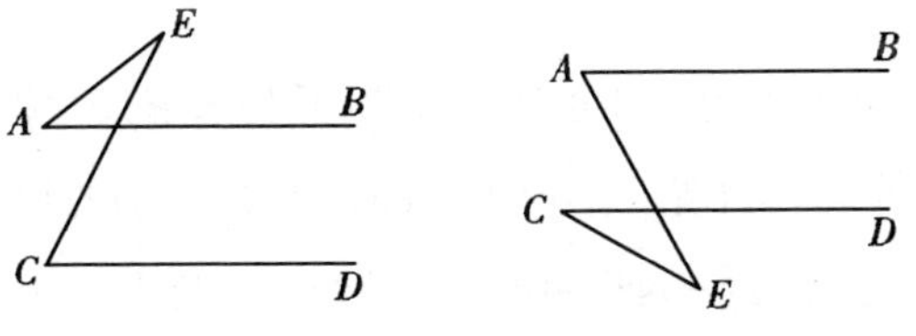

（1）　（2）

图 9

变式 4　如图 10，射线 FE 与矩形 $ABCD$ 的边 AB 交于点 E，与边 CD 交于点 F，①②③④分别是被射线 FE 隔开的 4 个区域（不含边界，其中区域③④位于直线 AB 上方，P 是位于以上 4 个区域上的点，$\angle PEB$，$\angle PFC$ 和 $\angle EPF$ 之间存在什么数量关系？

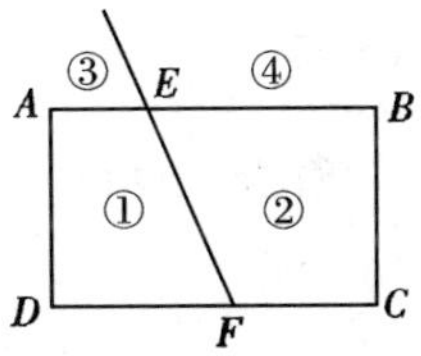

图 10

这些问题留给大家去思考，去探究.

角平分线习题的变式探究

例1 如图1，$\angle 1=\angle 2$，$\angle 3=\angle 4$，$\angle A=100°$.求$\angle x$的值.

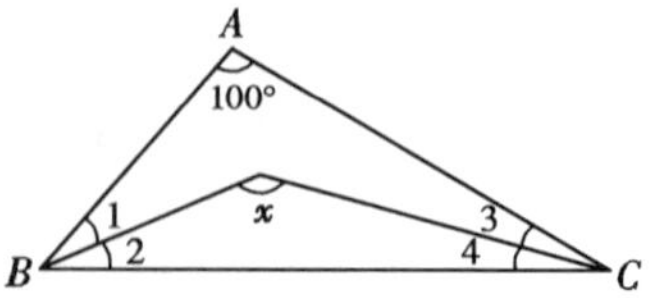

图1

解析:运用角平分线的定义和三角形内角和定理，易得$\angle x=180°-\angle 2-\angle 4=180°-\frac{1}{2}(\angle ABC+\angle ACB)=180°-\frac{1}{2}\times(180°-100°)=140°$.

变式1 如图2，$\triangle ABC$的$\angle ABC$和$\angle ACB$的平分线BE，CF相交于点G.求证:(1)$\angle BGC=180°-\frac{1}{2}(\angle ABC+\angle ACB)$；(2)$\angle BGC=90°+\frac{1}{2}\angle A$.

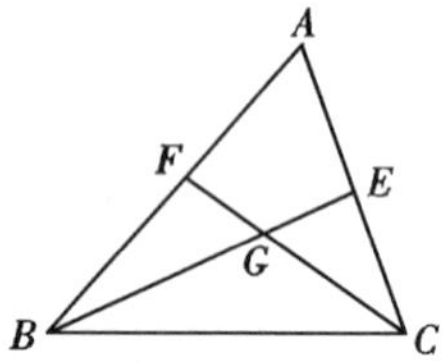

图2

将例1的已知条件一般化，并将求解过程拆分，不难得到变式1第(1)小题的证明.第(2)小题的结论可用文字表述为:三角形两内角平分线的夹角等于90°加上第三个角的一半.

变式2 如图3，BE和BF三等分$\angle ABC$，CE和CF三等分$\angle ACB$，试确定$\angle BEC$，$\angle BFC$和$\angle A$的数量关系.

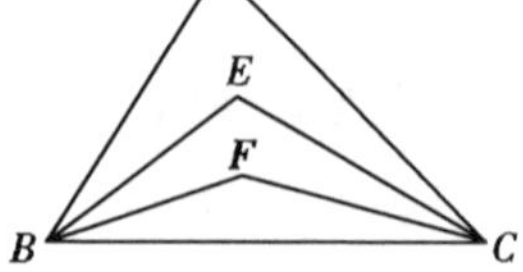

图3

解析:$\angle BEC=180°-\frac{2}{3}(\angle ABC+\angle ACB)=180°-\frac{2}{3}(180°-\angle A)=60°+\frac{2}{3}\angle A$，$\angle BFC=180°-\frac{1}{3}(\angle ABC+\angle ACB)=180°-\frac{1}{3}(180°-\angle A)=120°+\frac{1}{3}\angle A$.

下面我们转向关于外角平分线所成角的数量关系的探究.

变式 3　(1)如图 4,BE 平分 $\angle ABC$,CE 平分 $\angle ACM$.试确定 $\angle A$ 和 $\angle E$ 的数量关系.

(2)如图 5,BF 平分外角 $\angle CBP$,CF 平分外角 $\angle BCQ$.试确定 $\angle A$ 和 $\angle F$ 的数量关系.

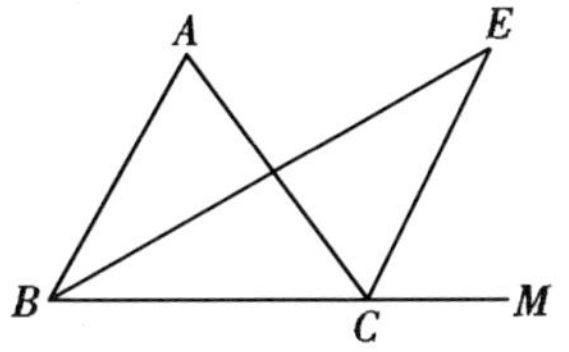

图 4

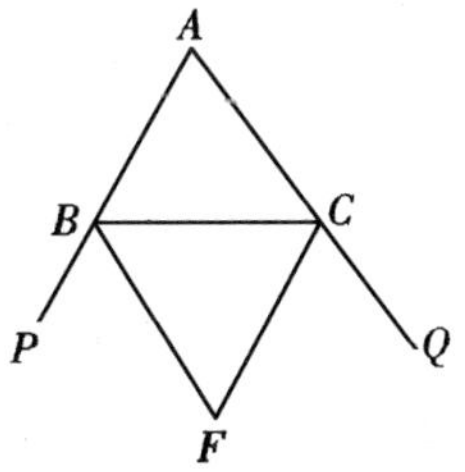

图 5

解析:(1)如图 4,$\angle E=\angle ECM-\angle EBC=\frac{1}{2}\angle ACM-\frac{1}{2}\angle ABC=\frac{1}{2}(\angle ACM-\angle ABC)=\frac{1}{2}\angle A$.

(2)如图 5,$\angle F=180°-(\angle FBC+\angle BCF)=180°-\frac{1}{2}(\angle PBC+\angle BCQ)=180°-\frac{1}{2}(2\angle A+\angle ABC+\angle ACB)=180°-\frac{1}{2}(180°+\angle A)=90°-\frac{1}{2}\angle A$.

本题推得的结论可用文字表述为:三角形一个内角的平分线与另外一个外角的平分线的夹角等于第三个角的一半;三角形两个外角的平分线的夹角等于 90°减去第三个角的一半.

例 2　如图 6,$\triangle ABC$ 中 $\angle ABC$ 的外角的平分线 BD 与 $\angle ACB$ 的外角的平分线 CE 相交于点 P.求证:点 P 到三边 AB,BC,CA 所在直线的距离相等.

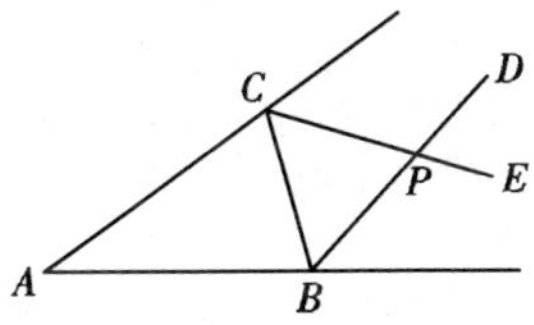

图 6

变式　如图 6,$\triangle ABC$ 中 $\angle ABC$ 的外角的平分线 BD 与 $\angle ACB$ 的外角的平分线 CE 相交于点 P.求证:点 P 在 $\angle BAC$ 的平分线上.

众所周知,作已知角的平分线是尺规作图的一项基本技能.值得一提的是,法国的初中几何教材却在此基础上，别出心裁，给出了下面的趣题：

如图 7，长方形纸上有两条线段 a,b，但它们延长后的交点在长方形外. 如果仅限于长方形内作图，问：如何作出含线段 a,b 的两条射线所成角的平分线？

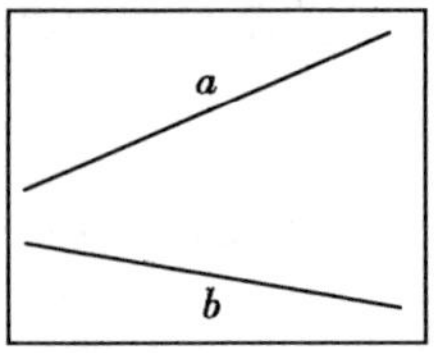

图 7

解析："两点定一直线"，关键是确定所求角的平分线经过的两点. 受例 2 变式结论的启发，可以探求创设常规作图的情境. 如图 8，在 a,b 上分别任取点 A,B，连接 AB. 分别作 $\angle PAB$，$\angle PBA$ 的平分线，交于点 C，分别作 $\angle PAB$，$\angle PBA$ 的外角的平分线，交于点 D，则 C,D 均在角 P 的平分线上，于是，射线 PCD 即为所求.

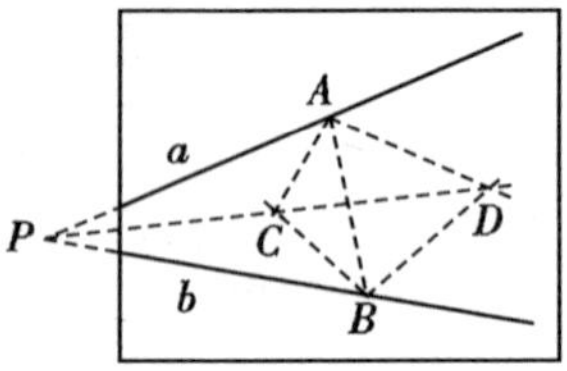

图 8

当你学过轴对称的知识后，还可以探求这道趣题的其他解法，一定记着试一试哦！

例 3　如图 9，在 $\triangle ABC$ 中，AD 是它的角平分线. 求证：$S_{\triangle ABD}:S_{\triangle ACD}=AB:AC$.

证明：要证的结论给我们提示了证明的思路：将两个面积分别用含 AB,AC 的式子表示出来. 如图 10，作 $DE\perp AB$，$DF\perp AC$，垂足分别为 E,F，则有 $S_{\triangle ABD}=\frac{1}{2}AB\cdot DE$，$S_{\triangle ACD}=\frac{1}{2}AC\cdot DF$，而由角的平分线性质，知 $DE=DF$，于是结论得证.

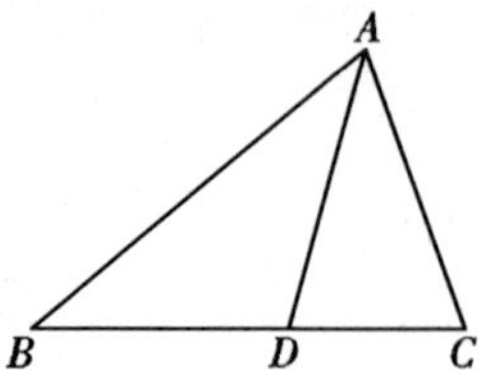

图 9

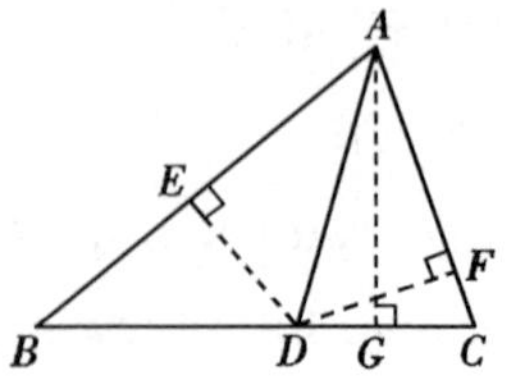

图 10

变式 1　如图 10，在 $\triangle ABC$ 中，AD 是它的角平分线. 求证：$S_{\triangle ABD}:S_{\triangle ACD}=BD:DC$.

证明：作 $AG\perp BC$，垂足为 G，则有 $S_{\triangle ABD}=\frac{1}{2}BD\cdot AG$，$S_{\triangle ACD}=\frac{1}{2}DC\cdot AG$，于是结论得证.

变式2　如图9,在$\triangle ABC$中,AD是它的角平分线.求证:$AB:AC=BD:DC$.

该变式的结论是三角形的角平分线的一条十分重要的性质:三角形的角平分线分对边所成的两条线段的比等于夹这个角的两条边的比.其证明方法多是通过添加辅助线,构造相似三角形,若将这一常规证明思路与结合使用例3及变式1的推理方法进行比较,孰繁孰简,自然不言自明.

如果变换例3中的条件和结论,又可以有下面的变式.

变式3　如图9,在$\triangle ABC$中,D为BC边上一点,连接AD,若$S_{\triangle ABD}:S_{\triangle ACD}=AB:AC$,求证:$AD$是$\triangle ABC$的角平分线.

如图10,由例3的证明过程逆推得到$DE=DF$,然后由角平分线的判定,即可证得结论.

通过用同一面积的不同表达形式推求有关数式之间的数量关系,我们对此不会感到陌生,以后还会经常用到,希望大家能够用心体悟.

例4　已知,如图11,以矩形$ABCD$的顶点A为顶点,以AD为角平分线作两条射线,分别与BC,CD的延长线交于点E,F,连接EF.求证:$S_{\triangle AEF}=S_{矩形ABCD}$.

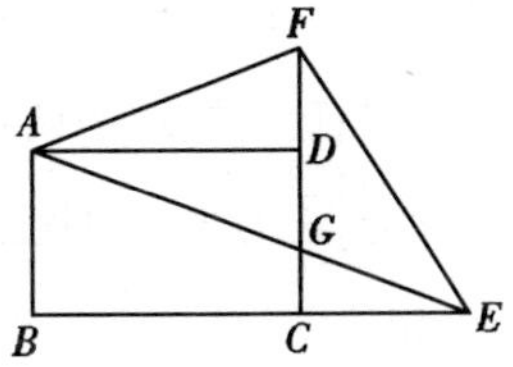

图11

证明:如图12,连接DE,AC(或BD),依题意,由三角形全等易证$DF=DG$,得$S_{\triangle ADF}=S_{\triangle ADG}$,$S_{\triangle DEF}=S_{\triangle DGE}$,于是有$S_{\triangle ADE}=\frac{1}{2}S_{\triangle AEF}$.又由$AD\parallel BE$,得$S_{\triangle ADE}=S_{\triangle ACD}=\frac{1}{2}S_{矩形ABCD}$,故$S_{\triangle AEF}=S_{矩形ABCD}$.

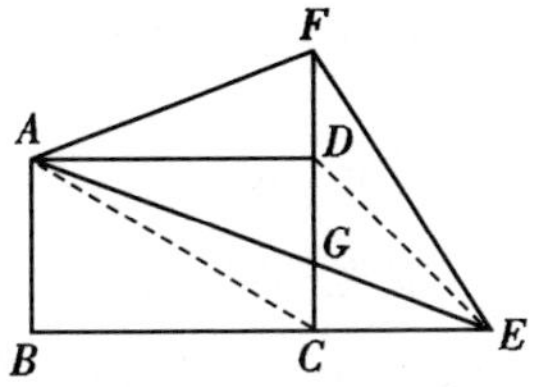

图12

三角形的三边关系定理及其应用

我们知道,由“两点之间线段最短”的基本事实,不难推得:在$\triangle ABC$(如图1)中,任意两边的和都大于第三边,任意两边的差都小于第三边.如:

$b-c<a<b+c$.(1)

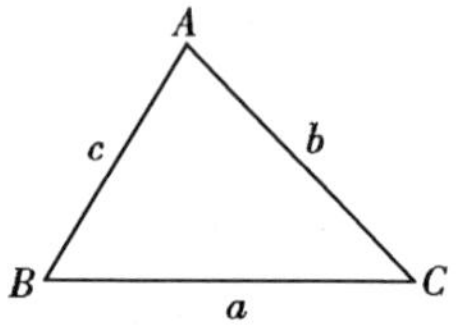

图1

这个结论被称为三角形的三边关系定理,是平面几何中最基本、最重要的结论之一.现在的问题是,在运用结论处理问题时,怎样才能满足其中的“任意”二字?实际上,只要将较短的两边相加,或将最长的边与最短的边相减,再与第三边比较大小就可以了.下面仅以近年来国内外的一些竞赛题为例,说明结论的实际应用.

一、判断三条已知线段能否构成三角形

例1 已知正数x,y,z满足不等式$\frac{x^2+y^2-z^2}{2xy}+\frac{y^2+z^2-x^2}{2yz}+\frac{z^2+x^2-y^2}{2zx}>1$.(2)

求证:以x,y,z为长度的三条线段能构成一个三角形.

证题的困难之处在于三条线段的长度不是独立的具体数字,而是相互关联的抽象字母,问题是如何从(2)式中分离出形如(1)式的不等式,若能注意到(2)式的“轮换对称”形式,则可以使证明过程化繁为简.

证明:已知x,y,z是正实数,总可以比较大小.不妨设$x\geqslant y\geqslant z$,只需证明$y+z>x$即可(为什么?).(2)式即$\frac{x^2+y^2-z^2}{2xy}+\frac{z^2+x^2-y^2}{2zx}>1-\frac{y^2+z^2-x^2}{2yz}$,就是$\frac{zx^2+zy^2-z^3+yz^2+yx^2-y^3}{2xyz}>\frac{x^2-(y-z)^2}{2yz}$,即$\frac{(y+z)(x^2+yz)-(y^3+z^3)}{2xyz}>\frac{x^2-(y-z)^2}{2yz}$,也即

$\frac{(y+z)[x^2-(y-z)^2]}{2xyz}>\frac{x^2-(y-z)^2}{2yz}$.(3)∵ $x\geqslant y\geqslant z$,∴ $x>y-z\geqslant 0$,即 $x^2-(y-z)^2\geqslant 0$,由(3)式推出 $y+z>x$,故以 x,y,z 为长度的三条线段能构成一个三角形.

例2 设三个正实数满足$(a^2+b^2+c^2)^2>2(a^4+b^4+c^4)$,求证:$a,b,c$ 可以作为某个三角形的三条边长.

本例可通过将$(a^2+b^2+c^2)^2-2(a^4+b^4+c^4)$变形、分解为$(a+b+c)(a+b-c)(a-b+c)(b+c-a)$,进而仿例1证之.

二、求三角形中某条边或某条重要线段的取值(范围)

例3 不等边三角形 ABC 的两条高的长度分别为4和12,若第三条高的长也为整数,试求它的长.

解析:设长度为4和12的高分别是边 a,b 上的高,边 c 上的高为 h,$\triangle ABC$ 的面积为 S,则 $4a=12b=ch=2S$,由(1)式有$\frac{2S}{4}-\frac{2S}{12}<\frac{2S}{h}<\frac{2S}{4}+\frac{2S}{12}$,$\frac{1}{4}-\frac{1}{12}<\frac{1}{h}<\frac{1}{4}+\frac{1}{12}$.因此 $3<h<6$.推出 $h=4$ 或 $h=5$.若 $h=4$,与题设矛盾,应舍去.故第三条高的长为5.

三、确定满足某些条件的三角形个数

例4 三边长均为整数、最大边长为11的三角形共有多少个?

解析:用不等式限定范围与枚举法相结合是解决此类问题的常用方法.若设另两边长分别为 x,y,且 $x\leqslant y$,则有 $x\leqslant y\leqslant 11$,不难知道 $6\leqslant y\leqslant 11$,当 $y=11$ 时,x 可取从1到11的自然数,得11个三角形.同理,当 $y=10,9,8,7,6$ 时,分别得到9个,7个,5个,3个,1个三角形,共可组成36个三角形.

例5 已知三角形的三条边长均为正整数,其中有一条边长是4,但它不是最短边,这样不同的三角形共有__________个.

可仿上例求解,答案是8.

三角形内角和定理的证明

三角形内角和定理 三角形三个内角的和等于 180°.

推论 直角三角形的两个锐角互余;三角形的一个外角等于和它不相邻的两个内角的和;三角形的一个外角大于任何一个和它不相邻的内角;三角形的外角和等于 360°.

应该指出的是:(1)三角形内角和定理表达式为已知$\triangle ABC$,则$\angle A+\angle B+\angle C=180^\circ$,而不是$\triangle ABC=180^\circ$;(2)在三角形外角和定理中,一定要强调"不相邻";(3)三角形的外角和,是指在三角形的三个顶点各取一个外角相加而得,对于多边形的外角和也是如此.

关于三角形内角和定理的证明,教材大多是从同学们的亲身体验入手,通过画辅助线把三角形的三个角移到一起(如图1),从而使问题顺利解决.当然,由于辅助线的画法很多,可以得到多种不同的证法.下面让我们一起探求几种常见的证明思路.

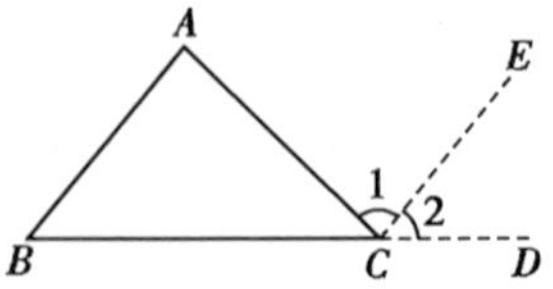

图1

已知$\triangle ABC$,求证:$\angle A+\angle B+\angle C=180^\circ$.

如果不延长 BC,直接过 C 点作 BA 的平行线行吗?答案是肯定的.

证法1:如图2,过 C 点作 $CE /\!/ BA$,则$\angle 1=\angle A$.

$\because$ $\angle 1+\angle BCA+\angle B=180^\circ$,$\therefore$ $\angle A+\angle B+\angle BCA=180^\circ$.

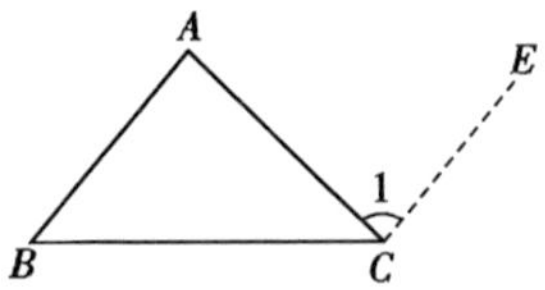

图2

既然可以过 C 点作平行线,那么过 A 点,B 点作平行线也应该是可以的.

证法 2：如图 3，过 A 点作 $EF \parallel BC$，$\therefore \angle 1=\angle B$，$\angle 2=\angle C$. 又 $\angle 1+\angle BAC+\angle 2=180^\circ$，$\therefore \angle BAC+\angle B+\angle C=180^\circ$.

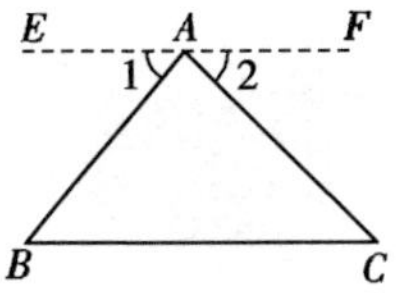

图 3

证法 3：如图 4，延长 BA，CA，过 A 作 $EF \parallel BC$，则 $\angle 1=\angle C$，$\angle 3=\angle B$. $\because \angle 2=\angle BAC$，$\angle 1+\angle 2+\angle 3=180^\circ$，$\therefore \angle BAC+\angle B+\angle C=180^\circ$.

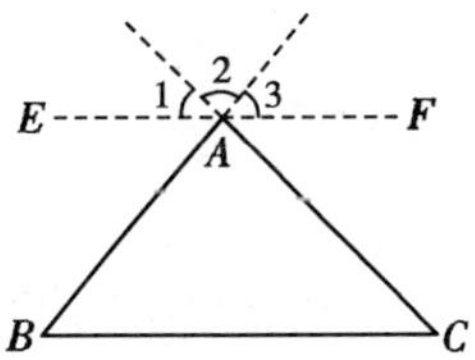

图 4

该思路把三个角都“搬”到了一起，虽然作辅助线有些麻烦，但证明起来还算干净利索.

过边上任意点作辅助线与过某一顶点作辅助线效果相同. 请看下面的证法.

证法 4：如图 5，在边 BC 上任取一点 D，过 D 作 $DE \parallel AC$，$DF \parallel AB$，则 $\angle 1=\angle C$，$\angle 3=\angle B$，$\angle 2=\angle A$（为什么？）. $\because \angle 1+\angle 2+\angle 3=180^\circ$，$\therefore \angle A+\angle B+\angle C=180^\circ$.

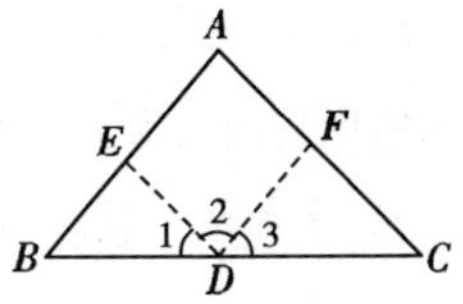

图 5

从边上再跨一步走进三角形内，可使点的选取更具有一般性.

证法 5：如图 6，在 $\triangle ABC$ 内任取一点 O，过 O 点分别作 $MN \parallel AC$，$PQ \parallel AB$，$EF \parallel BC$. 以下证明由大家仿证法 4 完成.

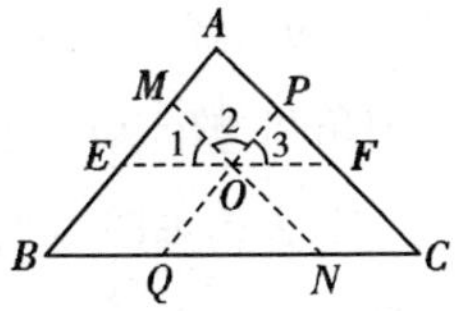

图 6

将某个角“分而治之”，也可另辟蹊径.

证法 6：如图 7，在边 BC 上任取一点 D，连接 AD，易知 $\angle BAC=\angle 1+\angle 2$. 过 B 作 $BE \parallel DA$，过 C 作 $CF \parallel DA$，则有 $BE \parallel CF$，$\therefore \angle 1=\angle 3$，$\angle 2=\angle 4$. 而 $\angle 3+\angle ABC+\angle ACB+\angle 4=180^\circ$，$\therefore \angle BAC+\angle ABC+\angle ACB=180^\circ$.

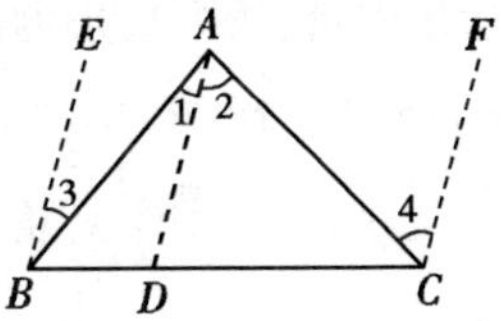

图 7

多边形的内角和与外角和

多边形相邻两边所组成的角叫多边形的内角，其个数与该多边形的边数、顶点数相同.此前，我们已经知道，三角形的内角和是 180°，还借助于对角线，通过把四边形转化为三角形，证明了四边形的内角和定理.这实际上反映了一种重要的思想方法，即把未知问题的求解、证明转化为已知的结论、事实来解决.那么任意多边形的内角和是多少呢？我们自然会想到将多边形分成若干个三角形来寻求答案，实现这个转化，通常有三种方法.

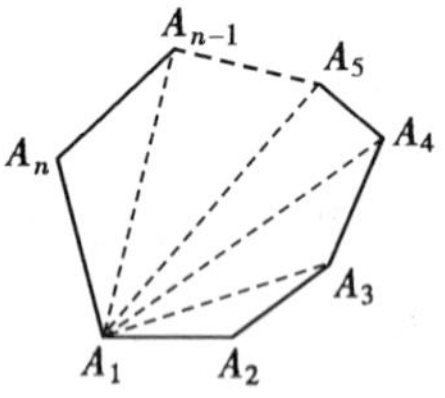

图 1

方法 1：如图 1，在 n 边形 $A_1A_2\cdots A_n$ 中，选取任意一个顶点如 A_1，连接对角线 $A_1A_3, A_1A_4, \cdots, A_1A_{n-1}$，这 $(n-3)$ 条对角线把 n 边形分成了 $(n-2)$ 个三角形（为什么？），那么这个 n 边形的内角和就等于 $(n-2)$ 个三角形的内角和，故 n 边形内角和应为 $(n-2)\cdot 180°$.

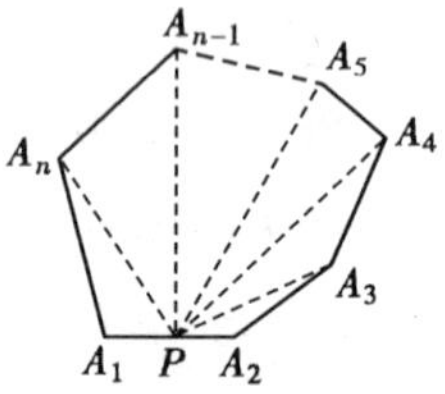

图 2

方法 2：如图 2，将出发点 P 放在多边形边 A_1A_2 上，连接 $PA_3, PA_4, \cdots, PA_{n-1}, PA_n$，这 $(n-2)$ 条线段把 n 边形分成了 $(n-1)$ 个三角形，但以 P 为顶点的平角不属于多边形内角，故 n 边形的内角和为 $(n-1)\cdot 180°-180°=(n-2)\cdot 180°$.

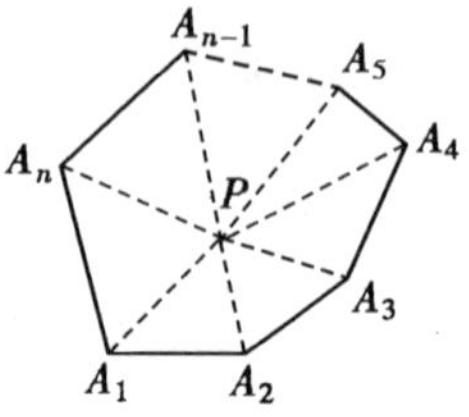

图 3

方法 3：如图 3，将出发点 P 放在多边形内，连接 $PA_1, PA_2, \cdots, PA_{n-1}, PA_n$，这 n 条线段把 n 边形分成了 n 个三角形，但以 P 为顶点的周角不属于多边形内角，故 n 边形的内角和为 $n\cdot 180°-360°=(n-2)\cdot 180°$.

现在，我们再来看多边形的外角和.在多边形的每个顶点处取多边形的一个外角，它们的和叫多边形的外角和. 由于 n 边形的每个内角与它的一个外角互补，所以 n 边形的内、外角和恰为 n 个平角，由此可得 n 边形的外角和 $= n \cdot 180° - (n-2) \cdot 180° = 360°$. 于是，任意多边形的外角和恒为 360°. 它不随边数的增减而发生变化. 这就把多种情形用一个十分简单的结论概括起来了. 用一个与 n 无关的常数代替了与 n 有关的公式，找到了更一般的规律.

设想一只蚂蚁在多边形的边界上绕圈子（如图 4）. 每经过一个顶点，它前进的方向就要改变一次，改变的角度恰好是这个顶点处的外角. 爬了一圈，回到原处，方向和出发时一致了，角度改变量之和当然恰好是 360°.

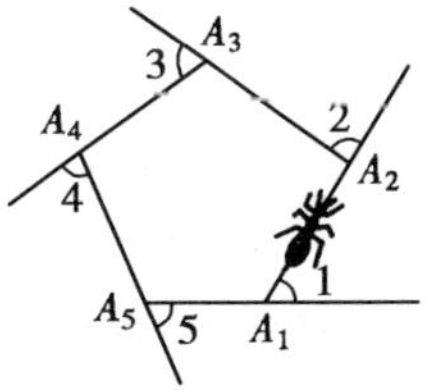

图 4

这样看问题，不但给“多边形外角和等于 360°”这条普遍规律找到了直观上的解释，而且立刻把我们的视线引向了更宽广的天地.

一条凸的闭曲线——卵形线，谈不上什么内角和与外角和. 可是当蚂蚁在上面爬时（如图 5），它的方向也在时时改变. 爬完一圈儿，角度改变量之和仍是 360°.

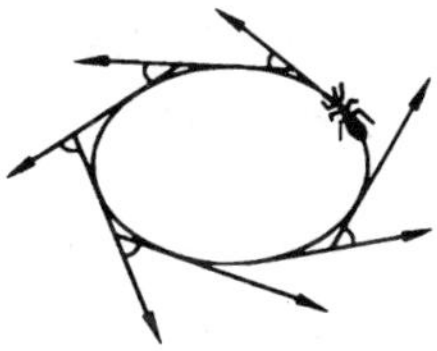

图 5

“外角和为 360°”，这条规律适用于封闭曲线. 只不过叙述起来，要用“方向改变量之和”来代替“外角和”罢了.

对于凹多边形，就要把“方向改变量之和”改为“方向改变量的代数和”. 不妨约定，逆时针旋转的角为正角，顺时针旋转的角为负角. 当蚂蚁在图 6 中的凹四边形的边界上爬行时，在 A_1，A_2，A_4 处，因方向的改变所成的角 $\angle 1$，$\angle 2$，$\angle 4$ 是正角，而在 A_3 处，因方向的改变所成的角 $\angle 3$ 是负角. 仔细计算一下，这 4 个角的代数和恰好是 360°.

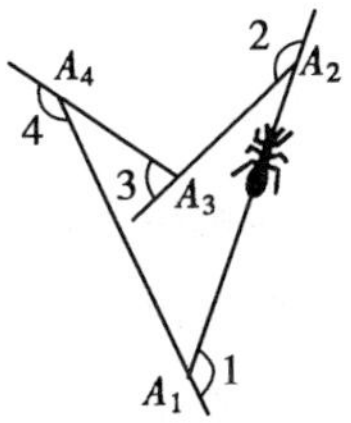

图 6

由此可见，要想从众所周知的事实出发，步步深入，挖掘出广泛适用的深刻规律，不但需要扎实的基础知识、基本技能，还需具有透彻、犀利的目光，更需保持一种穷追不舍、孜孜以求的探索精神.

平面图形中的镶嵌问题

在平面内，用形状、大小完全相同的一种或几种平面图形进行拼接，彼此之间不留缝隙、不重叠地铺成一片，就是平面图形的镶嵌（也称密铺）. 镶嵌的原理是拼接点处的几个多边形的内角和恰好等于一个周角.

例 1　如图 1，我们经常看到呈现这样图案的地面，它们分别全用正方形或全用正六边形的瓷砖铺成，这两种形状的瓷砖均能铺成平整、无缝隙的地面. 请问：

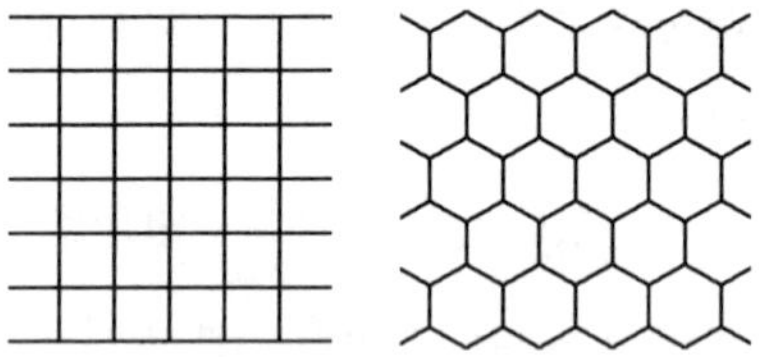

图 1

（1）能否全用正五边形瓷砖铺地？为什么？说出仅用一种正多边形镶嵌整个平面的所有情况，并叙述理由.

（2）你能不能另外设计出一种用同种多边形（不一定是正多边形）的瓷砖铺地的方案？把你想到的方案画出来.

（3）你能再设计出一个用两种不同的正多边形的瓷砖铺地的方案来吗？如果能，请画出草图.

解析：（1）因为正五边形瓷砖的每一个内角为 $108°$，而 108 不能整除 360，所以不能全用正五边形的瓷砖铺设地面.

仅用一种正多边形去镶嵌整个平面，只有正三角形、正方形、正六边形可以办到. 事实上，对于正 n 边形，其内角均为 $\frac{(n-2)\cdot 180°}{n}$，在每个拼接点处，设可以将 x 个内角彼此无重叠、无缝隙地拼接在一起，则 $\frac{(n-2)\cdot 180°}{n}\cdot x=360°$，即 $(n-2)x=2n$，从而有 $\begin{cases}x=6,\\ n=3;\end{cases}$ $\begin{cases}x=4,\\ n=4;\end{cases}$ $\begin{cases}x=3,\\ n=6.\end{cases}$ 这正是仅用一种正多边形可以镶嵌平面的三种情况.

(2)答案不唯一,如图2.事实上,任何不规则的全等三角形或全等四边形瓷砖都能铺设地面.

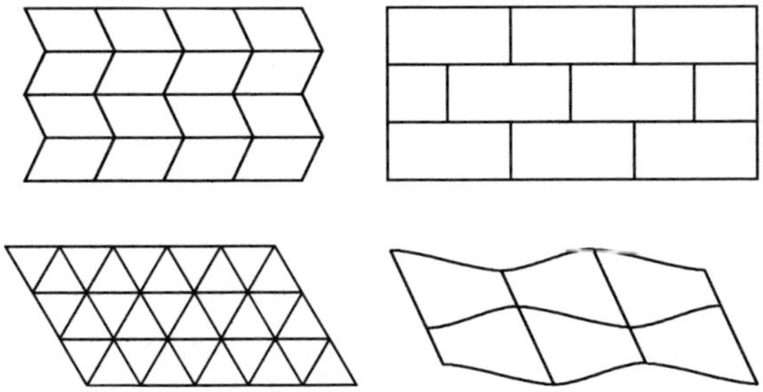

图2

(3)用两种正多边形瓷砖铺设地面的方案也很多,这里给出两种,如图3.

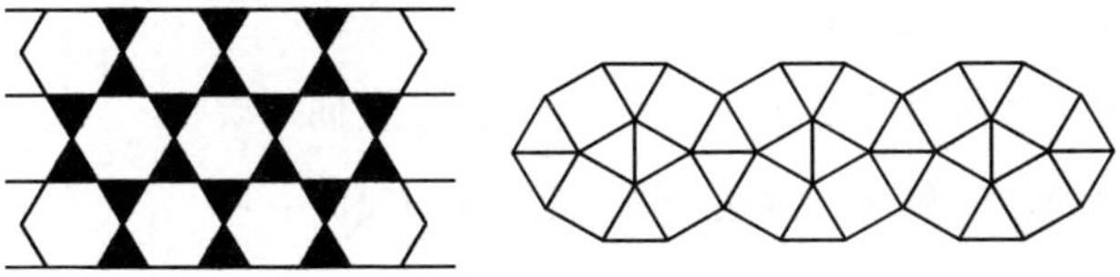

图3

例2 某中学新科技馆铺设地面,已有正三角形形状的瓷砖可用,现打算购买另一种不同形状的正多边形瓷砖,与正三角形瓷砖在同一顶点处作平面镶嵌,则该学校不应该购买的瓷砖形状是 ( )

A.正方形 B.正六边形 C.正八边形 D.正十二边形

解析:正三角形、正方形、正六边形、正八边形、正十二边形的每一个内角分别是60°,90°,120°,135°,150°.

铺3块正三角形瓷砖和2块正方形瓷砖时,有 $3\times60°+2\times90°=360°$;

铺2块正三角形瓷砖和2块正六边形瓷砖时,有 $2\times60°+2\times120°=360°$;

铺1块正三角形瓷砖和2块正十二边形瓷砖时,有 $1\times60°+2\times150°=360°$.

由此可知,选项A、B、D中的正多边形都可用,只有正八边形不可取,故选C.

同学们如果有兴趣,还可以探究用不少于两种正多边形镶嵌整个平面的一般性结论.

对一道习题变式的探究

例 如图 1,六边形 $ABCDEF$ 的内角都相等,$\angle DAB=60°$.AB 与 DE 有怎样的位置关系?BC 与 EF 有这种位置关系吗?为什么?

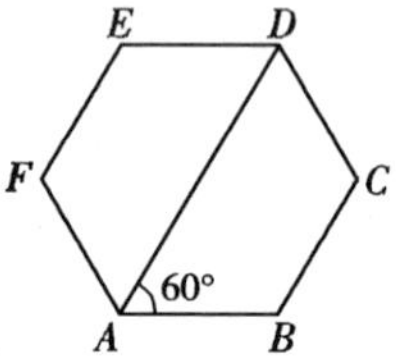

图 1

这是课本中的一道探索性习题.题目的条件很充足,直观感知应有 $AB/\!/DE$,$BC/\!/EF$,说理也十分简单.要说的是,对于这样一道探索性习题变式的探究,将有助于我们理解和运用平行线的性质和判定方法,掌握添加辅助线的一些基本思路和技能.首先,在“$\angle DAB=60°$”的题设下,六边形 $ABCDEF$ 为正六边形.如果舍去这个条件,六边形将“等角”不“等边”,但上述结论仍然成立.

变式 1 如图 2,六边形 $ABCDEF$ 的内角都相等.求证:$AB/\!/DE$.

在建立 AB 与 DE 的联系时,可以有如下的不同思路,其目标一致且甚为明晰,就是利用多边形内角和的结论,创设运用平行线判定方法的条件.

证法 1:如图 3,连接 AD(也可连接 BE,或连接 AE,或连接 BD 等).$\because$ 六边形 $ABCDEF$的内角都相等,$\therefore$ $\angle E=\angle F=\angle FAB=120°$,$\therefore$ $\angle FAD+\angle EDA=360°-\angle E-\angle F=120°$.又$\because$ $\angle FAD+\angle DAB=\angle FAB=120°$,$\therefore$ $\angle EDA=\angle DAB$,故 $AB/\!/DE$.

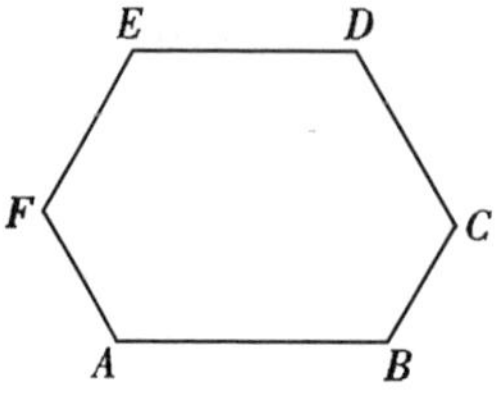

图 2

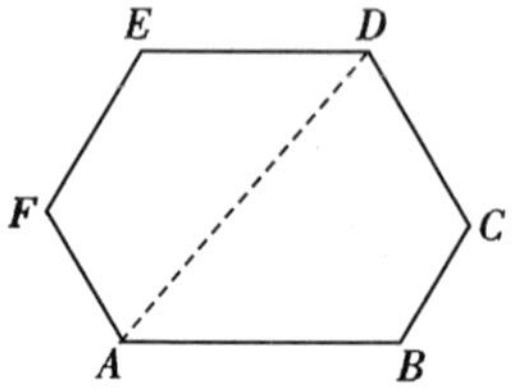

图 3

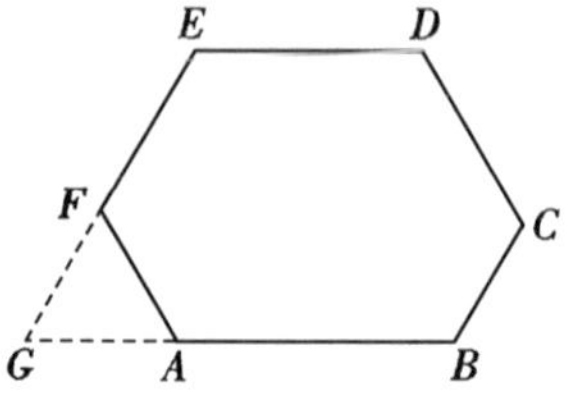

图 4

证法 2:如图 4,延长 BA,EF 交于点 G(也可延长 AF,DE 交于点 M,或延长

BC, ED 交于点 N，或延长 AB, DC 交于点 P 等）. ∵ $\angle EFA=\angle FAB=120°$，∴ $\angle FGA=180°-\angle GFA-\angle FAG=60°$，$\angle GED+\angle EGA=180°$，故 $AB/\!/DE$.

证法 3：如图 5，过点 F 作 $FG/\!/AB$（也可过点 F 作 $FG/\!/ED$，或过点 C 作 $CH/\!/AB$, $CH/\!/ED$ 等）. ∵ $FG/\!/AB$，∴ $\angle GFA=\angle FAB=120°$，又 ∵ $\angle FED=120°$，∴ $\angle GFE=\angle FED$，$FG/\!/DE$，故 $AB/\!/DE$.

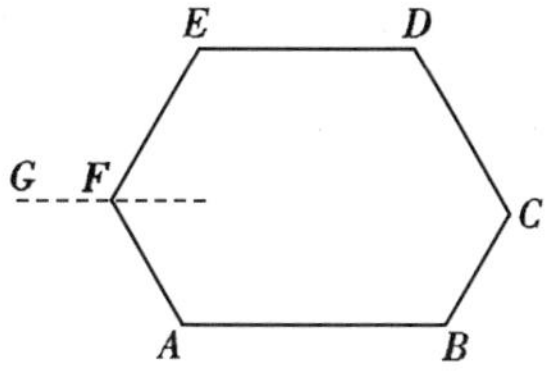

图 5

同理，可证 $AF/\!/DC$，$BC/\!/FE$. 于是，我们可以归纳出一种变式.

变式 2　内角都相等的六边形的对边分别平行.

若进一步弱化“六个角都相等”的条件，我们就又可以得到一种变式.

变式 3　如图 6，在六边形 $ABCDEF$ 中，$CD/\!/AF$，$\angle D=\angle A$，$AB\perp BC$，$\angle C=130°$，$\angle E=80°$，求 $\angle F$ 的度数.

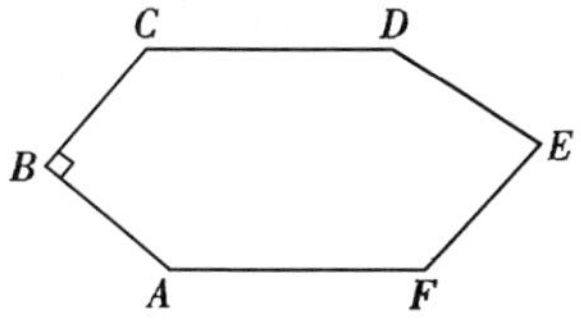

图 6

解析：该题求解的关键是如何利用 $CD/\!/AF$ 求得 $\angle A$，$\angle D$ 的度数或与其他内角之间的数量关系. 如图 7，延长 CB, FA 交于点 G（还有其他作辅助线的方法吗？答案是肯定的，不妨试一试）. ∵ $CD/\!/AF$，∴ $\angle C+\angle G=180°$，∴ $\angle G=50°$. 又 ∵ $AB\perp BC$，$\angle CBA=90°$，∴ $\angle BAF=90°+50°=140°$，∴ $\angle CDE=140°$，于是，$\angle F=720°-140°-90°-130°-140°-80°=140°$.

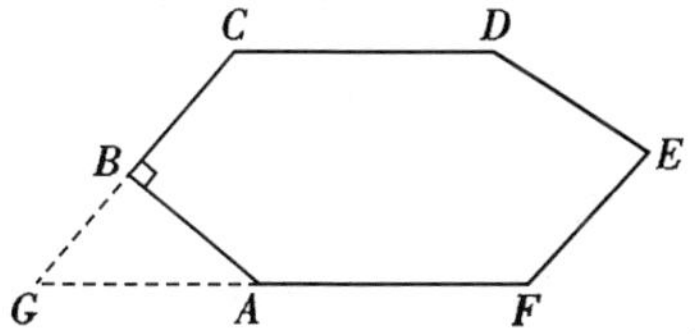

图 7

变式 4　一个多边形的每个内角都是 120°，连续四边的长依次为 1，3，3，2，求该多边形的周长.

解析：由多边形的每个内角都是 120°，可知该多边形为六边形. 如图 8，作六边形 $ABCDEF$，$AB=1$，$BC=CD=3$，$DE=2$. 想要直接求 EF, FA 的长有困难，可以尝试利用 120°角与 60°角的互补关系，通过补形，构造等边三角形转化求解. 延长 CB, FA 交于点 P，延长 AF, DE

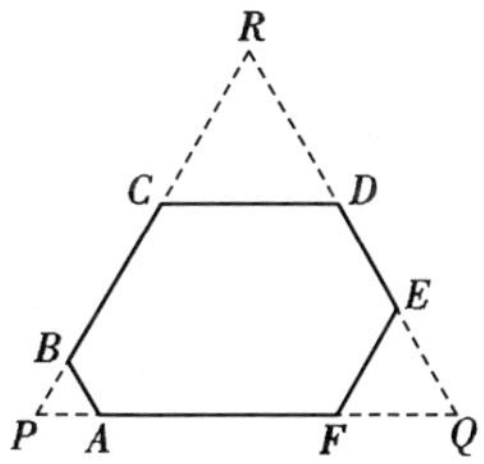

图 8

交于点 Q，延长 BC，ED 交于点 R，易得 $\angle P=\angle Q=\angle R=60°$，于是，原六边形被补成等边 $\triangle PQR$，其每边长为 7，进而求得该多边形的周长为 15.

变式 5　如图 9，在六边形 $ABCDEF$ 中，$AB /\!/ DE$，$BC /\!/ FE$，$CD /\!/ AF$，对边之差 $AB-ED=FE-BC=CD-AF>0$，该六边形的各内角都相等吗？给出说理过程.

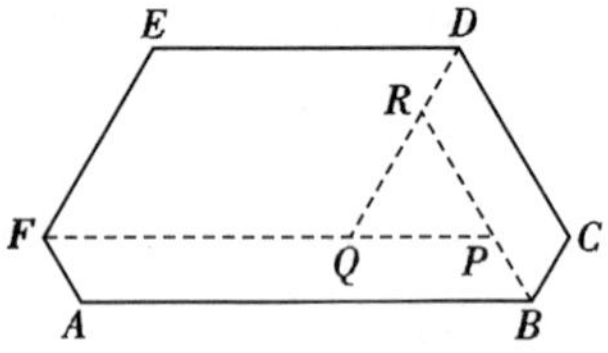

图 9

解析：要说明各个内角都相等，通过作平行线，将各角平移到同一个三角形的周边，然后依据题设等式，构造等边三角形，寻求角之间的数量关系. 如图 9，作 $DQ /\!/ EF$，$BR /\!/ CD$，$FP /\!/ AB$. 由 $AB /\!/ DE$，$BC /\!/ FE$，$CD /\!/ AF$，知 $AB-ED=PF-FQ=PQ$，$FE-BC=DQ-DR=QR$，$CD-AF=BR-BP=PR$. $\because$　$AB-ED=FE-BC=CD-AF>0$，$\therefore$　$PQ=QR=PR$，$\triangle PQR$ 为等边三角形，即 $\angle RPQ=\angle PRQ=\angle PQR=60°$，依据平行线的性质进而可得 $\angle A=\angle ABC=\angle C=\angle CDE=\angle E=\angle EFA=120°$.

将例题中的六边形拓展到八边形，又会怎样呢？

变式 6　如图 10，八边形 $ABCDEFGH$ 的每个外角都是 45°，已知 $AB=EF$，$BC=10$，$DE=5$，$FG=15$，求 AH 的长度.

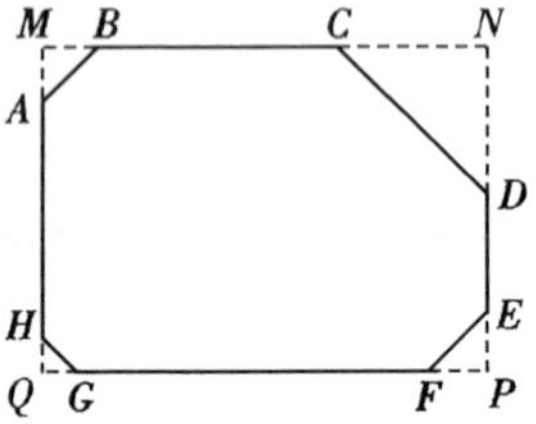

图 10

解析：注意到 135°与 45°角的互补关系，借鉴变式 4 的解析过程，通过补形构造矩形求解. 如图 10，将八边形的边 AH，BC，DE，GF 双向延长后得到一个矩形 $MQPN$，易知 $\triangle ABM$，$\triangle CDN$，$\triangle EFP$，$\triangle HGQ$ 均为等腰直角三角形. $\because$　$AB=EF$，$\therefore$　$AM=EP$，$BM=FP$. $\because$　$AM+AH+HQ=DN+DE+EP$，$\therefore$　$AH+HQ=DN+5$，即 $DN-HQ=AH-5$. 又 $\because$　$BM+BC+CN=PF+FG+QG$，$\therefore$　$10+CN=15+QG$，即 $CN-QG=5$. 而 $GQ=HQ$，$CN=DN$，$\therefore$　$DN-HQ=CN-QG=5$，故 $AH=5+5=10$.

分类讨论　正确求解

我们先来看一个故事.

从前,京城有一个名字叫阿宝的孩子,聪慧好学,远近闻名.

一天,皇帝在后花园里散步,忽然心血来潮,指着水池问身边的大臣:“池中有几桶水?”大臣们都被这个古怪的问题问住了,面面相觑,不好作答.皇帝嗔声说道:“朕给你们三天时间,谁能回答出来,谁就有赏.”

三天期限已过,仍没有大臣能给出答案.这时,有位大臣启奏,能否叫阿宝来试一试,皇帝颔首应允.

乳牙未换的阿宝听了皇帝的问题,稍加思索,随口答道:“如果桶和池一样大,就是一桶水;如果桶比池小一半,就是两桶水;如果桶是水池的三分之一,就是三桶水;如果……”没等他说完,皇帝便连连称赞道:“答得好,答得妙!……”

这样一个令众位大臣难堪的问题,小阿宝分情况考虑,问题很快就得到了解决.这种思考问题的方法,就是分类讨论的思想方法.

在现实生活中,我们常常需要根据对象的某种属性将其分门别类,以便于具体情况具体分析,提出解决问题的针对性措施,有效地避免重复和遗漏,进而提高办事的速度和质量.例如,面对“一张桌子砍掉一个角后还有几个角?”的问题,由于限制条件不具体,答案可以很多.要解决这个问题,需要先对桌子的形状进行讨论:圆形的;多边形的;形状不确定的.然后针对每一种情况给出答案.假设这个桌子是多边形的,还需要进一步讨论“砍法”如何,因为砍法不同,留下的桌子的角数也不同.比如,正方形的桌子,砍掉一个角就有可能出现三个角、四个角、五个角三种可能性.针对不同的情况给出不同的解决方法,这就是分类讨论.

数学中的分类,由抽象的基本思想派生出来,是按照数学对象的相同点和差异点将其区分为不同种类的思想方法.分类以比较为基础,比较是分类的前提,分类是比较的结果.分类必须有一定的标准,标准不同分类的结果也就不同.分类的基本要求是既不遗漏,也不重复.在分类的前提下进行讨论,即分类讨论,是指当被研究的问题包含多种情况,即题目中含有不确定因素,不能一概而论时,按可能出现的情况分别讨论,得出多种情况下相应的结论,然后综合归纳,作出推断的一种过程,一种思维方式.分类讨论思想对于简化研究对象、发展人的思维有着重要帮助,其正确和灵活应用既能反映一个人数学思维的严谨性和逻辑性,也能凸显其思维品质的深刻性.

分类思想在数学中的应用随处可见,有概念的分类,如实数、有理数、绝对值、点(直线、圆)与圆的位置关系和两圆相切等概念的分类,有含有字母系数的方程、不等式等解题方法的分类,还有等腰三角形的顶角(顶点)不确定及后续学习中将要遇到的相似三角形的对应关系不确定等几何图形位置关系的分类,等等.

分类也是一种实用的解题策略.分类讨论的恰切运用,有助于发现解题思路和掌握技能技巧,有助于对问题的深入研究,做到举一反三,触类旁通.这里,我们以一些关于三角形的题目为例,剖析常见的解题错误,希望能对大家培养分类的自觉、领会其实质有所帮助.

例 1 若等腰三角形中有一个角等于 50°,则这个等腰三角形的顶角为(　　)

A.50°　　B.80°　　C.65°或 50°　　D.50°或 80°

错解:选 A 或 B.

错因分析:解答时通常是利用画出的草图来直观验证,这无疑是对的.但是,在画出满足条件 $AB=AC$ 的 $\triangle ABC$ 后,当把已知角 50°想当然地标注在 $\angle A$ 内时,那么就有底角 $\angle B=\angle C=65°$,从而错选 A.类似地,当把已知角 50°标注在 $\angle B$ 内时,就有 $\angle B=\angle C=50°$,则 $\angle A=80°$,从而错选 B.导致错解的原因在于,对题目的条件理解不够全面,在把文字语言转化为图形时,人为地将问题特殊化,缺乏分类讨论的意识,验证不全,出现漏解.

正解:50°角可能是底角,也可能是顶角.当 50°角是底角时,顶角的大小为 $180°-50°\times2=80°$;当 50°角是顶角时,则顶角的大小就等于 50°.综上,这个等腰三角形的顶角为 80°或 50°,故选 D.

点拨:由于题目条件的不确定性引发结论不唯一,是需要实施分类讨论的主要情形之一.对于一个等腰三角形,若条件中没有明确顶角或底角,应注意分情况讨论,先假定这个已知角是顶角或是底角,再求解.

例 2 若等腰三角形的两条边长分别为 a,b,且满足等式 $(a-6)^2+|b-3|=0$,则此等腰三角形的周长是 ( )

A.9 B.12 C.15 D.12 或 15

错解 1:选 C.由非负数的性质,易得 $a=6,b=3$.因为腰长为 6,底长为 3,所以这个等腰三角形的周长为 $6+6+3=15$.

错解 2:选 D.由非负数的性质,易得 $a=6,b=3$.因为题设中没有明确 3 和 6 是腰还是底,所以应分类讨论.①当腰为 6,底为 3 时,周长为 $6+6+3=15$;②当腰为 3,底为 6 时,周长为 $3+3+6=12$.

错因分析:错解 1 的答案正确,但解题思路有缺失,没有分类讨论.在错解 2 中,注意到了尚未明确腰及底边的隐含条件,并实施了分类讨论,但忽视了三角形两边之和大于第三边的要求,没有对长度分别为 3,3,6 的 3 条线段能否构成三角形进行考查验证.

正解:选 C.由非负数的性质,易得 $a=6,b=3$.①当等腰三角形的一腰长为 6,底边长为 3 时,满足三角形的三边关系定理,此时等腰三角形的周长为 15;②当 3 为腰,6 为底时,因为有 $3+3=6$,不满足三角形的三边关系定理,舍去.综上可知,该等腰三角形的周长为 15.

点拨:对于底和腰不相等的等腰三角形,若条件中没有明确谁是底,谁是腰,应在符合三角形三边关系的前提下分类讨论.一般地,适当分类是基础,综合运用知识正确求解是关键,二者不可或缺.

例 3 已知,$\triangle ABC$ 中,$\angle A=50°$,两条高 BD,CE 所在的直线相交于点 H,则 $\angle BHC$ 的度数为__________.

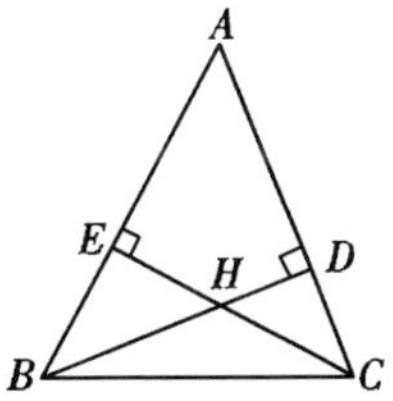

图 1

错解:130°.如图 1,$\triangle ABC$ 的高 BD,CE 相交于点 H.$\because$ $\angle A=50°$,$\therefore$ $\angle ABD=90°-50°=40°$.$\therefore$ $\angle BHC=\angle ABD+\angle BEH=40°+90°=130°$.

错因分析:对三角形的分类考虑不全面.有些同学受定

式思维的影响,往往一提到三角形就想当然地认为只能是锐角或直角三角形,忽略了可以是钝角三角形的情况,从而误入自己设计的“陷阱”.

正解:130°或 50°.当$\triangle ABC$为锐角三角形时,解法同上,$\angle BHC=130°$.当$\triangle ABC$为钝角三角形时,如图 2 所示.$\because \angle A=50°$, $\angle ADB=\angle ADH=90°$, $\therefore \angle BHC=\angle A=50°$.

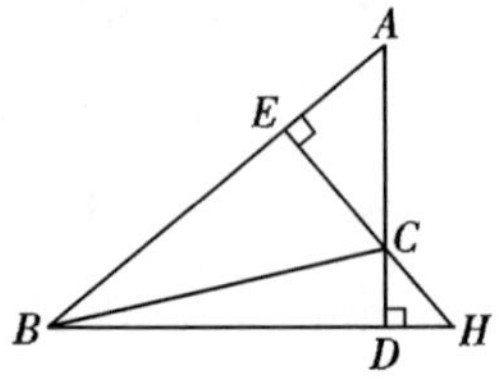

图 2

是否还应考虑直角三角形的情况呢?请你想一想.

点拨:当三角形为锐角三角形时,高的交点在三角形的内部;当三角形为钝角三角形时,高的交点在三角形的外部.

例 4 在$\triangle ABC$中,$AB=AC$,AB的垂直平分线与AC所在的直线相交所得的锐角为 50°,则$\angle B$等于__________.

错解:70°.如图 3,在$\triangle ABC$中,$AB=AC$,MN垂直平分AB于M,交AC于N, $\because \angle ANM=50°$, $\therefore \angle A=40°$, $\therefore \angle B=\angle C=70°$.

错因分析:错解在于把题设转化为图形(构造图形)中,注意到了等腰三角形可能为锐角三角形,却忽略了钝角三角形的情况,出现漏解.

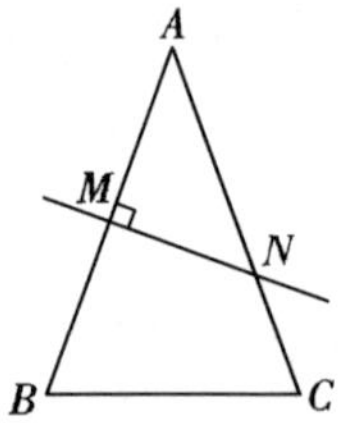

图 3

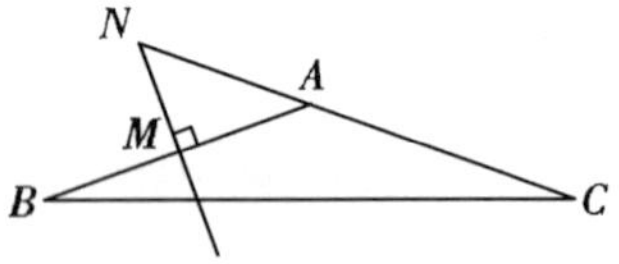

图 4

正解:70°或 20°.①如图 3,解法同上.②如图 4,在$\triangle ABC$中,$AB=AC$,MN垂直平分AB于M,交CA的延长线于N.$\because \angle N=50°$, $\therefore \angle BAN=40°$, $\angle B=\angle C=20°$.

点拨:利用构造图形法来解决等腰三角形的问题,若在题设中没有明确等腰三角形具体的形状,而由题设可知不可能为直角三角形时,应考虑分锐角等腰三角形和钝角等腰三角形两种情况求解,避免出现以偏概全的错误.

为了让大家进一步体会分类思想方法的运用,以下的习题留作练习.

1.如图5,若有一条公共边的两个三角形称为一对“共边三角形”,则图中以 BC 为公共边的“共边三角形”有 (　　)

A.2对　　B.3对　　C.4对　　D.6对

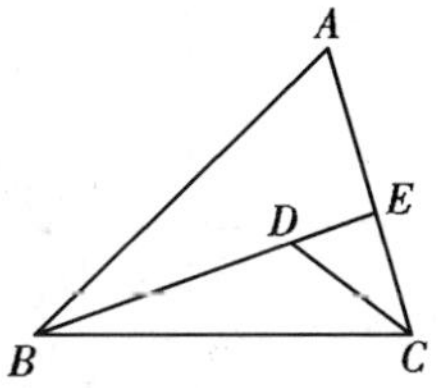

图5

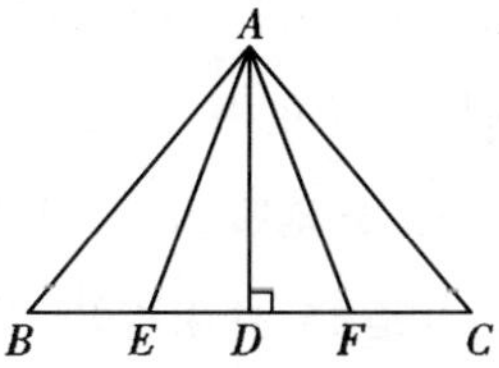

图6

2.如图6,在 $\triangle ABC$ 中, $AB=AC$, $AD\perp BC$ 于点 D, E, F 分别为 DB, DC 的中点,则图中的全等三角形共有 (　　)

A.2对　　B.3对　　C.4对　　D.5对

3.已知,等腰三角形一腰上的高与另一腰所成的夹角为55°,那么,这个等腰三角形的顶角的度数为____________.

4.已知等腰三角形一腰上的中线把这个三角形的周长分为12和15两部分,那么,这个三角形的三边长分别为____________.

5.如图7,在网格内有一个直角三角形 ABC(网格中的每个小正方形的边长均为1个单位长度),如果以该三角形一边为公共边画一个新三角形与原来的直角三角形一起组成一个等腰三角形,要求新三角形与原来的直角三角形除了有一条公共边,没有其他的公共点,新三角形的顶点不一定在格点上,那么符合要求的新三角形有多少个?试说明理由.

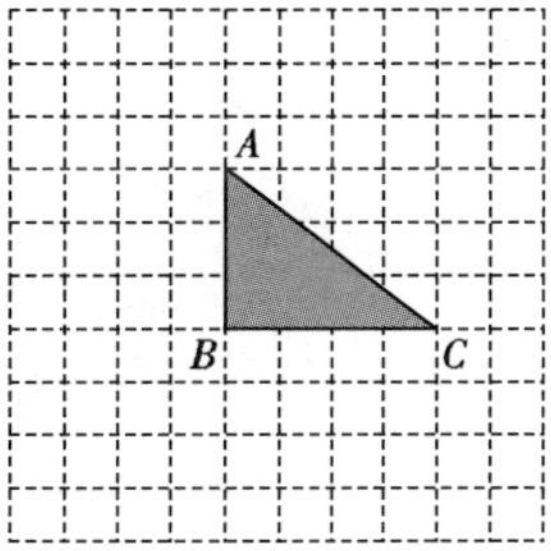

图7

练习答案与点拨:

1.B.　点拨:紧扣定义“有一条公共边”,看清要求“以 BC 为公共边”,按面积由小到大排序,容易写出3对“共边三角形”: $\triangle BCD$, $\triangle BCE$; $\triangle BCD$, $\triangle BCA$; $\triangle BCE$, $\triangle BCA$.

2.C.　点拨:可以选定某个点(如点 B)为“原点”,由此出发,“一往无前”,列

出线段 BE,BD,BF,ED,找到它们关于点 D 的对称线段 CF,CD,CE,FD,将它们分别作为某个三角形中顶点 A 的对边,很容易得到 4 对全等三角形.

3. 35°或 145°.

4. 8,8,11 或 10,10,7.　点拨:等腰三角形腰上的中线将其周长分成的两部分,一部分是腰与腰的一半的和,另一部分是腰的一半与底边的和,这两部分谁是 12,谁是 15,并未告知,因此需分两种情况讨论.

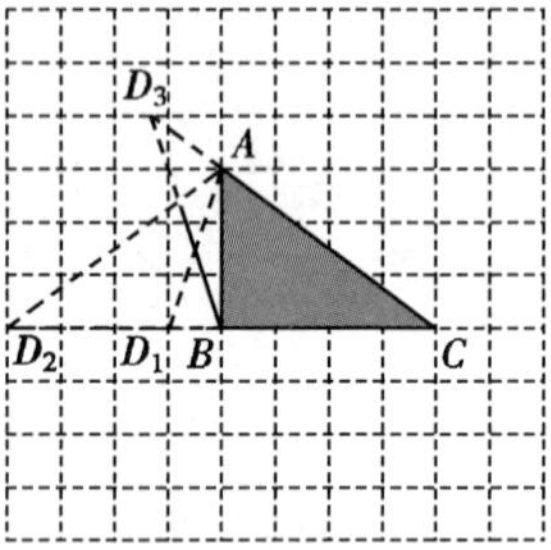

图 8

5. 7.理由:以 $\triangle ABC$ 一边 AB 为公共边画出的符合条件的新三角形共有 3 个,如图 8 所示,组成的等腰三角形为 $\triangle AD_1C(CD_1=AC)$,$\triangle AD_2C\ (AC=AD_2)$,$\triangle BCD_3(BC=BD_3)$.类似地,以 BC,AC 为公共边画出的符合条件的新三角形分别有 3 个,1 个.图略.

对顶三角形的性质与应用

定义:如图 1,AB,CD 交于点 O,我们把$\triangle AOD$ 和$\triangle BOC$ 称为对顶三角形.

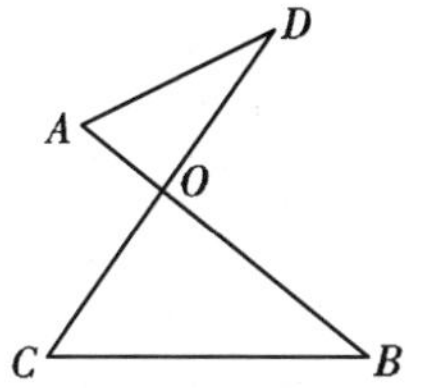

图 1

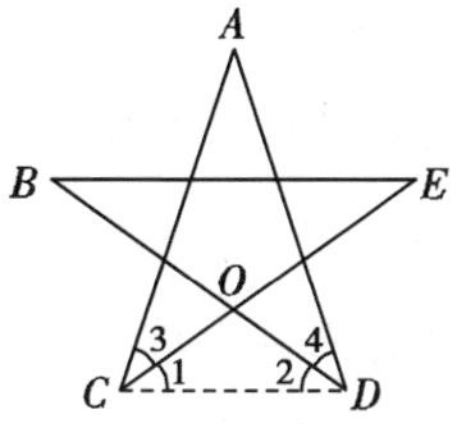

图 2

性质:若$\triangle AOD$ 和$\triangle BOC$ 是对顶三角形,则$\angle A+\angle D=\angle B+\angle C$.

性质应用举例:如图 2,求五角星的五个内角之和,即$\angle A+\angle B+\angle ACE+\angle ADB+\angle E$ 的度数.

解析:连接 C,D(连接其他顶点可以吗?),由对顶三角形的性质,得$\angle B+\angle E=\angle 1+\angle 2$,在$\triangle ACD$ 中,$\because$ $\angle A+\angle ACD+\angle ADC=180°$,即$\angle A+\angle 3+\angle 1+\angle 2+\angle 4=180°$,$\therefore$ $\angle A+\angle B+\angle ACE+\angle ADB+\angle E=180°$,即为所求.

解决问题:(1)如图 3(1),$\angle A+\angle B+\angle C+\angle D+\angle E+\angle F=$__________;

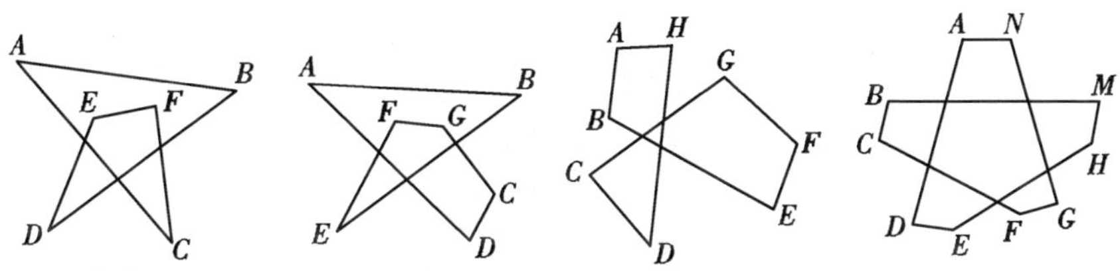

(1) (2) (3) (4)

图 3

(2)如图 3(2),$\angle A+\angle B+\angle C+\angle D+\angle E+\angle F+\angle G=$__________;

(3)如图 3(3),$\angle A+\angle B+\angle C+\angle D+\angle E+\angle F+\angle G+\angle H=$__________;

(4)如图3(4),$\angle A+\angle B+\angle C+\angle D+\angle E+\angle F+\angle G+\angle H+\angle M+\angle N=$ ________.

请你从图3(3)或图3(4)中任选一个,写出你的计算过程.

解析:体悟性质应用举例的解法可知,问题的关键在于如何适当添加辅助线,借助于对顶三角形的性质,将和式中的角“搬”到若干个三角形或多边形里面,然后利用三角形或多边形的内角和公式求解.

(1)如图4(1),连接CD,易得$\angle A+\angle B=\angle BDC+\angle ACD$,则原式=四边形$CDEF$的内角和$=360°$.

(2)如图4(2),连接ED,易得$\angle A+\angle B=\angle BED+\angle ADE$,则原式=五边形$CDEFG$的内角和$=540°$.

(3)如图4(3),连接BH,DE,易得$\angle EBH+\angle BHD=\angle HDE+\angle BED$,$\therefore$ 原式=五边形$CDEFG$的内角和$+\triangle ABH$的内角和$=540°+180°=720°$.

(4)如图4(4),连接GH,NE,易得$\angle GNE+\angle HEN=\angle NGH+\angle EHG$,$\therefore$ 原式=六边形$BCFGHM$的内角和+四边形$ADEN$的内角和$=720°+360°=1080°$.(本小题的连接方法比较多,有兴趣的同学不妨试一试)

故答案分别为:(1)360° (2)540° (3)720° (4)1080°

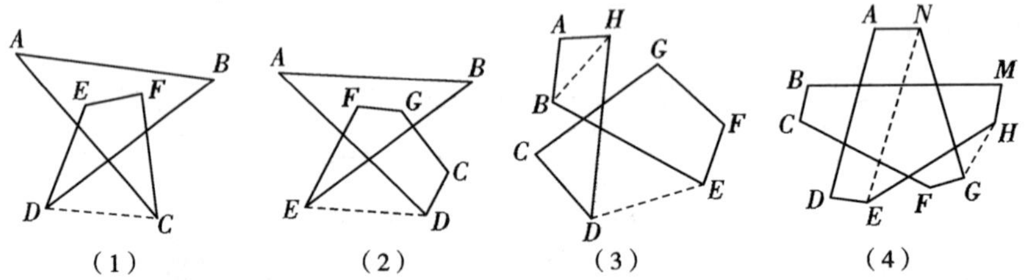

图4

这个例子是一个关于三角形的新定义题目,考查同学们综合运用知识、技能解决问题的能力.其解题思路体现了转化、整体处理等数学思想方法.

动物世界的“数学家”

在动物世界里，小小蚂蚁的数学才能算得上是比较高的.苏联和英国的科学家曾做过以下有趣的试验：西伯利亚的昆虫学家列兹尼科娃等人把800只同窝的蚂蚁放在一个透明的有机玻璃制成的人工蚁巢里，同时放了一个有很多分叉、间隔相同、类似于“梳子”的喂食装置，并且标上号码，然后任选几个分叉挂上糖浆盒，每3天把蚂蚁放出来觅食一次.人们观察到，当侦察蚁发现糖浆后，立即返回巢穴通知它的同伴，而其他蚂蚁不需要侦察蚁带路就可以独立地、准确地找到糖浆.这充分证明，侦察蚁已经用数学语言向蚁群传达了糖浆的确切位置.“梳子”上有很多分叉，说明蚂蚁能够数数.许多试验还进一步证实，蚂蚁可以数到60，而一般动物只能数到10.英国昆虫学家休斯顿把一只死蚱蜢切成3块，其比例是1∶2∶4.当蚂蚁发现这3块大小不等的食物后，便通知蚁群.40分钟后，最小一块蚱蜢上的蚂蚁有28只，中间一块上的蚂蚁有44只，最大一块上的蚂蚁有89只，也几乎成1∶2∶4的比例.由此可见，蚂蚁的数学才能之高，是其他动物所望尘莫及的.

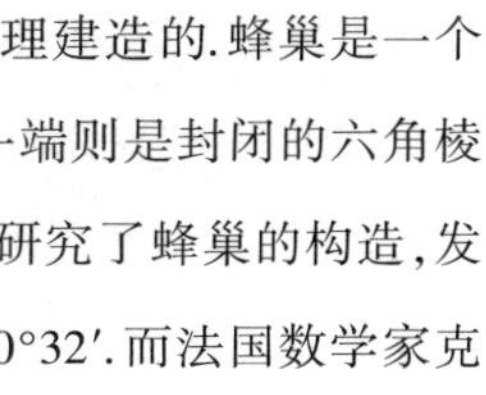
图1

大家熟悉的小蜜蜂，也是当之无愧的“几何天才”，如图1.它们“知道”“两点之间线段最短”，在花间随意来去采集到大量花蜜后，会选择最短的路径回到蜂房.蜂群为了避免出入蜂巢时的拥挤，总是分成数批飞进飞出，且时间间隔很有规律.你若留心观察一下它们精心营造的蜂巢，会发现它是根据数学中有趣的几何原理建造的.蜂巢是一个十分严格的六棱柱体，它的一端是平整的六边形开口，另一端则是封闭的六角棱锥体，由三个相同的菱形组成.18世纪，法国有位学者曾经研究了蜂巢的构造，发现底盘菱形的所有钝角都等于109°28′，所有锐角都等于70°32′.而法国数学家克尼格和苏格兰数学家马克洛林已经证明，这正是以最省的材料制成最大的棱形容器的角度.蜂房的巢壁厚0.073毫米，误差极小.令人类建筑师惊叹不已！华罗庚先生曾对蜂房作过十分形象的描绘：“如果把蜜蜂放大为人体的大小，蜂箱就成为一个二十公顷的密集市镇.当一道微弱的光线从这个市镇的一边射来时，人们可以看到的是一排排五十层高的建筑物.在每一排建筑物上，整整齐齐地排列着薄墙围成的成千上万个正六角形的蜂房.”

珊瑚虫同样是一种颇具数学天赋的动物.它们能够每年在自己的体壁上刻画出365条环纹，而且是每天“画”一条.更奇怪的是，古生物学家发现，在3亿5千万年以前，珊瑚虫每年“画”出的环纹是400条.天文学家告诉我们，那时候，地球上的一天不是24小时，而是21.9小时，一年正好是400天.可见小小的珊瑚虫能根据天象的变化，准确地“计算”和“记载”一年的时间.

珍稀动物丹顶鹤在成群结队迁徙时，常常排成大约110°的“人”字形.这种队形排列既可以让鹤群利用彼此间的翅膀在摆动时所产生的上升气流，增加滑翔时间，减少体能消耗，又便于鸟与鸟之间的“交流”，及时准确地传递信息，还充满美感，显得团结和谐，对天敌形成一种威慑力.更精确的计算表明，这个“人”字形夹角的一半，即每边与鹤群前进方向的夹角是54°44′8″，而金刚石晶体的角度也是54°44′8″.这种神奇的巧合，至今还是一个不解之谜.

猫和蜘蛛是“几何专家”.在寒冷的冬天，猫睡觉时总要把身体抱成一个球形，这样，身体露在冷空气中的表面积最小，因而散发的热量也最少.蜘蛛结的“八卦”网，如图2，即使木工师傅用直尺和圆规也难画得那样匀称.当对这个美丽的结构运用数学方法进行分析时，凸显的数学元素之多之广令人咋舌！此外，还有热带丛林中的巨蛙，当蛇或其他猎物从它身旁经过时，它可以选定一定的角度和方位跳起来，相当准确地向目标进攻，特别是咬住蛇的头部，而且几乎没有发生过失误，等等.

图2

同学们，如果你们留心大自然，细致地观察动物的一举一动，或许就能结识更多的动物“数学家”，悟出一些更有趣的东西来呢！

天元术与《测圆海镜》

对于方程的研究是我国古代数学的重要内容之一，也是我们祖先对世界数学发展的一大贡献．北宋蒋周在《益古集》中最早创立了“天元”概念．后有很多人的著作均对“天元术”进行了一定的阐述．如刘汝谐在《如积释锁》中，已明确可用 19 个汉字表示未知数的正 9 次幂至负 9 次幂：仙(x^9)，明(x^8)，霄(x^7)，汉(x^6)，垒(x^5)，层(x^4)，高(x^3)，上(x^2)，天(x)，人，地(x^{-1})，下(x^{-2})，低(x^{-3})，减(x^{-4})，落(x^{-5})，逝(x^{-6})，泉(x^{-7})，暗(x^{-8})，鬼(x^{-9})．即以“人”字表示常数，人以上的九字依次表示未知数的正整数次幂，人以下的九字依次表示未知数的各负整数次幂．易见在中国古代数学中，未知数在分母上同在分子上一样自然，因而认为整式方程和分式方程没有本质的区别．

被誉为“宋元数学四大家”之一的李冶(1192—1279)对“天元术”作了进一步的系统研究．

李冶不仅博览群书，而且善于批判性地接受前人的经验．他在数学、天文、哲学、文学、历史、医学等方面均有创新，其中最为了不起的成就当属对“天元术”进行了较为全面的总结和探讨．他给出了一套简明实用的天元术程序，并于 1248 年写成《测圆海镜》(如图 1)．该书对一元高次方程和分式方程的理论研究比西方早了 300 多年．

百步問方圓周各多少
荅曰外方周二百四十步　內圓周六十
步
方田
圓池
法曰立天元一爲圓徑
以三之爲圓周以減其
步得　爲方周以自
增乘得　爲十六
段方田積於頭再立天
元圓徑以自之又十二之得　爲

图 1

《测圆海镜》共分 12 卷，书中以洞渊九容为基础，讨论了在各种条件下用天元术求圆径的问题．全书自卷一《圆城图式》开始，卷二到卷十二为一系列实际应用问题，共有 170 道题，解法均可以天元术为基础工具推导而来.《测圆海镜》无疑是当时世界上一流的数学宏作,但因其内容较为精深,一般人难以读懂,致使“天元术”传播较为缓慢.

天元术与现代列方程的方法类似,“立天元一为某某”,相当于今天的“设 x 为某某”,“天元一”相当于未知数 x,但由于我国古代计算工具为算筹,因而其写法有些独特,是根据已知条件列出两个相等的代数式,然后通过化简、合并同类项,得出等式一端为 0 的方程.而按照李冶的记法,因方程各项系数均为算筹数码,需在一次项旁记一“元”字(或常数项旁记一“太”字),“元”或“太”每向上一层增加一次幂,每向下一层减少一次幂.再者,如果方程的系数为负数,就在这个系数的个位筹码上加一斜线表示.

如图 2 所示的方程为 $x^3+336x^2+4184x+2488320=0$.

图 3 所示的方程为 $-x^2+8640+\frac{652320}{x}+\frac{4665600}{x^2}=0$,源于《测圆海镜》卷七的第 2 题的求解.该题给出了五种解法,列分式方程是其中的一种.由此可见,李冶已懂得用方程两边同乘一个整式的方法,把分式方程转化为整式方程.而这种转化方法对于天元术来说却是十分方便的,只需将分式方程中表示未知数一次项系数的“元”字向下移动若干行即可,如图 4 所示,图 3 表示的分式方程则变为整式方程 $-x^4+8640x^2+652320x+4665600=0$.

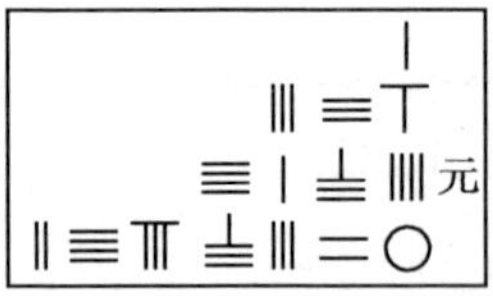

图 2

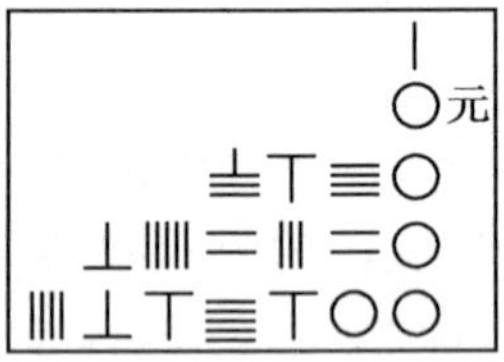

图 3

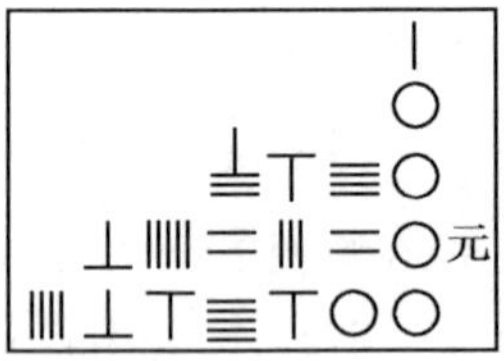

图 4

此后,李冶再按增乘开方法求其正实根.有关史料表明,李冶给出的化分式方程为整式方程的方法,超越了当时代数学较为发达的印度和阿拉伯的研究水平.

用旧手机换洗涤剂的故事

星期天的上午,萧萧正和妈妈一起整理房间,打扫卫生.突然,楼下传来吆喝声:“回收旧手机!快拿手机来换脸盆、洗衣粉、洗涤剂啰!”萧萧从抽屉里取出一部旧手机,跟着妈妈来到了楼下,想要换几瓶洗涤剂回来.

她们来到了流动摊位前,如图1.摊主向她们介绍了可供选择的三种方式:用一部旧手机,可以换2个脸盆,或者换3袋洗衣粉,或者换1个脸盆、1袋洗衣粉和1瓶洗涤剂,但不能单独换洗涤剂.

图1

萧萧有点儿失望.明白事情的原委后,摊主热情地招呼道:“是这么一回事呀,真想换也行,今天我就破个例,那你们看看,按现在的换法,一部旧手机能换几瓶洗涤剂,我们才能做到公平交易呢?”

萧萧一下子说不上来了,于是她就捡起了路边的一颗小石子,蹲在地上一边梳理头绪,一边推算起来:用“□”表示脸盆,用“△”表示洗衣粉,用“○”表示洗涤剂,于是,

一部旧手机 = □□ = △△△ = □+△+○　　①

□ = △+○　　②

□□ = △△+○○　　③

□□ = △△△　　④

△△△=△△+○○　⑤

△=○○　⑥

一部旧手机=△△△=○○○○○○　⑦

“您看,照此推理,就能得出一袋洗衣粉可换2瓶洗涤剂,这样一部旧手机就可以换6瓶洗涤剂.”萧萧站起来自信地对摊主说.

摊主略加思索,点头表示赞同.

萧萧的推理对吗?为回答这个问题,我们在萧萧用图形符号表示文字的基础上,进一步抽象,直接用x,y,z分别指代脸盆、洗衣粉和洗涤剂,于是上述推理过程即可表述如下:

∵　$2x=3y=x+y+z$,　①

∴　$x=y+z$,　②

∴　$2x=2y+2z$.　③

又∵　$2x=3y$,　④

∴　$3y=2y+2z$,　⑤

∴　$y=2z$,　⑥

∴　$3y=6z$.　⑦

这实际上是用z逐步取代x,y的同解变形过程.变形的依据是等式的性质.它主要包括大家熟知的等式的两个基本性质:

(1)若$a=b$,则$a\pm c=b\pm c$;

(2)若$a=b$,则$ac=bc$,$\frac{a}{c}=\frac{b}{c}(c\neq0)$.

还有等式的三个性质:

自反性:$a=a$.

对称性:若$a=b$,则$b=a$.

传递性:若$a=b$,$b=c$,则$a=c$.

具体来说,在上述的推理过程中,①→②,根据等式的传递性和基本性质(1);②→③,根据等式的基本性质(2);④→⑤,根据等式的传递性;⑤→⑥,根据等式的基本性质(1);⑥→⑦,根据等式的基本性质(2).

最多能换多少瓶啤酒

如图 1,一位废品回收员正骑着三轮车路过一个小卖部,看到门口的小黑板上写着:“本店 3 个空啤酒瓶换 1 瓶啤酒!”他的三轮车上有 10 个空啤酒瓶,问:最多能用来换多少瓶啤酒喝?

图 1

可以先拿 9 个空啤酒瓶换得 3 瓶啤酒,喝完后,用这 3 个空啤酒瓶再换得 1 瓶啤酒喝,喝完后剩下 2 个空啤酒瓶.如果情况许可,到邻近的小店赊上 1 瓶啤酒喝掉后,连同原有的 2 个空啤酒瓶到小卖铺换上 1 瓶啤酒,把它还给邻近的小店.如此“借马分马”,我们就用 10 个空啤酒瓶换了 5 瓶啤酒喝.

可能有同学会问:照此办理,用 2019 个空啤酒瓶,最多能换多少瓶啤酒喝?

当然,我们可以用 2019 除以 3,得到商 673,然后再用 673 除以 3,得到商 224,余数为 1……如此这般,计算容易出错,有必要另辟蹊径.倘若我们能够对原来题目的条件和解决策略稍加分析,就不难发现:3 个空啤酒瓶 = 1 瓶啤酒,也就是,3 个空啤酒瓶 = 1 个空啤酒瓶+1 瓶啤酒,因此有,2 个空啤酒瓶 = 1 瓶啤酒.换句话说,通过 10 个空啤酒瓶可以换 5 瓶啤酒喝的结论,可以抽象出等式:$10\div 2=5$.而 $2019\div 2=1009\cdots\cdots 1$,答案就可唾手而得.

也可能有同学会换个角度提问:如果 4 个空啤酒瓶可以换 1 瓶啤酒,那么用 15 个空啤酒瓶不交钱最多能喝多少瓶啤酒?不难算出答案是 5 瓶.

现在，我们来进一步探讨解决此类问题的一般方法.

如果设最多能喝 x 瓶啤酒，在开始的问题中，依题意，得 $\frac{10+x}{3}=x$，解之，得 $x=5$.其他的两个问题也可以列方程求解.

更一般地，如果 m 个空啤酒瓶可以换 1 瓶啤酒，那么用 n(m，n 都是大于 1 的自然数，且 $n\geqslant m$)个空啤酒瓶不交钱最多能喝多少瓶啤酒？

这个问题留给同学们仿照上述方法自己求解.

无独有偶.民间还广泛流传着一个"西瓜子换瓜"的故事.在富饶美丽的新疆，盛产一种小子西瓜，10 千克瓜只能出 100 克瓜子.为了大力推广这种优良品种，瓜农决定回收瓜子，条件是：交回 1 千克瓜子，免费给 30 千克瓜.现在的问题是：买回 100 千克瓜，吃瓜留子，以子换瓜，反复地换下去，总共可以吃到多少千克的瓜？

我们来推算一下.10 千克瓜出 100 克瓜子，按规定可以换回 3 千克瓜.所以每千克瓜的瓜子可换回 0.3 千克瓜.100 千克瓜的瓜子，可换回瓜 30 千克；30 千克瓜的瓜子，又换回瓜 $0.3\times30=9$(千克)；9 千克瓜的瓜子，又换回瓜 $0.3\times9=2.7$(千克)；2.7 千克瓜的瓜子，又换回瓜 $0.3\times2.7=0.81$(千克)；……

我们要算的就是这样没完没了的一串数的和：$100+0.3\times100+0.3^2\times100+0.3^3\times100+\cdots=100\times(1+0.3+0.3^2+0.3^3+\cdots)$.怎样求这一串没完没了的数的和呢？

如果有人对摊主说："我买 100 千克瓜，请给我称 143 千克，您记住账，多给的瓜，改天把瓜子送来抵偿."

你认为那个买瓜的让摊主多给他 43 千克瓜，摊主会同意吗？

由前面的分析可知，143 千克瓜，可以出瓜子 1.43 千克.每千克瓜子换 30 千克瓜，1.43 千克瓜子可以换 1.43 乘 30 等于 42.9 千克瓜，四舍五入，不就是 43 千克瓜吗？摊主当然会同意了.

到高中学过等比数列后，解决这类问题就成为一件轻而易举的事情了.

一个一元一次方程的错解剖析

解方程：$\frac{4-6x}{0.01}-6.5=\frac{0.02-2x}{0.02}-7.5$.

错解 1：原方程可化为$\frac{4-6x}{0.01}-\frac{0.01-x}{0.01}=-1$，$\frac{(4-6x)\times100}{0.01\times100}-\frac{(0.01-x)\times100}{0.01\times100}=-1\times100$，…

评析：这里运用了先将-6.5移到等式右边与-7.5合并为-1的技巧，同时把$\frac{0.02-2x}{0.02}$分子和分母中的公约数 2 约去，使两式的分母相同，这些都是可取的，但混淆了方程的同解原理与分数的基本性质. 将两个分数的分子、分母都同乘 100，是分数自身的恒等变形，不应改变其他项的数值.

错解 2：$2\times(4-6x)-6.5=0.02-2x-7.5$，…

评析：在去分母时，不含分母的各项没有乘分母的最小公倍数 0.02，这一步不是同解变形.

错解 3：$\frac{4-6x}{0.01}-\frac{0.01-x}{0.01}=-1$，$4-6x-0.01-x=-0.01$，…

评析：对分数线的意义缺乏足够的认识. 分数线一方面表示除号（或比号），另一方面也表示括号. 如果分子是代数式，那么应把它作为整体看待，去分母时，分子部分应添加括号，以避免错误的发生.

错解 4：$\frac{4-6x}{0.01}-\frac{0.01-x}{0.01}=-1$，$4-6x-(0.01-x)=-0.01$，$4-6x-0.01-x=-0.01$，…

评析：没有正确运用去括号法则. 括号前面是“-”号，去括号时，把括号和它前面的“-”号去掉，括号里各项都改变符号.

错解 5：$\frac{4-6x}{0.01}=\frac{0.01-x}{0.01}-1$，$4-6x=0.01-x-0.01$，$-6x-x=4$，…

评析：对移项概念的理解模糊不清，忘掉了“移项要变号”这一点，从而导致错误的产生.

错解 6：$\frac{4-6x}{0.01}-\frac{0.01-x}{0.01}=-1$，$4-6x-(0.01-x)=-0.01$，$4-6x-0.01+x=-0.01$，$4-7x=0$，$x=\frac{4}{7}$.

评析：在将$-6x$与x合并同类项时出现错误，从而功亏一篑.

错解 7：$\frac{4-6x}{0.01}-\frac{0.01-x}{0.01}=-1$，$4-6x-(0.01-x)=-0.01$，$-5x=-4=x=\frac{4}{5}$.

评析：把方程的同解变形与代数式的恒等变形搞混了.$-5x=-4$和$x=\frac{4}{5}$是两个方程，它们之间不能用等号连接.

错解 8：$\frac{4-6x}{0.01}-\frac{0.01-x}{0.01}=-1$，$4-6x-(0.01-x)=-0.01$，$-5x=-4$，$x=20$.

评析：把方程$-5x=-4$中x的系数化为1时，两边都除以-5，右边应该是$\frac{4}{5}$，而不是20，当然也不是$-\frac{4}{5}$！

正解：原方程可化为$4-6x-(0.01-x)=-0.01$，去括号、合并同类项，得$5x=4$，解得$x=\frac{4}{5}$.

总评：求解一元一次方程的一般步骤包括去分母、去括号、移项、合并同类项、系数化为1等.通过这些步骤可以使以x为未知数的方程逐步向着$x=a$的形式转化，这个转化过程主要依据等式的基本性质和运算律等.这些步骤不一定要面面俱到，顺序也并非一成不变，可根据题目的难易程度和具体特点，适当减少步骤和调整顺序，但要确保每一步的转化有理有据.解方程的错误主要分为两类：一是代数式的恒等变形出错，大多发生在去分母、去括号、合并同类项等环节；二是方程的同解变形出错，大多发生在去分母、移项，以及系数化为1等环节.

一元一次方程的简便解法

对于一元一次方程的求解,如果我们能根据方程的形式采用由外向内去括号、逆用分数加减运算法则等方法灵活求解,不但可以化繁为简,减少失误,而且还有利于培养思维的灵活性和深刻性.

一、观察法

例 1 解方程:$\frac{1}{2}(y+1)+\frac{1}{3}(y+2)=3-\frac{1}{4}(y+3)$.

解析:原方程可化为$\frac{1}{2}(y+1)+\frac{1}{3}(y+2)+\frac{1}{4}(y+3)=3$.不难看出,当 $y=1$ 时,该式左边三项的值都是 1,即左边 = 右边,而原方程是一元一次方程,只能有一个解,于是求得方程的解是 $y=1$.

二、逆用分数加减运算法则

例 2 解方程:$\frac{x+2}{4}-\frac{2x-3}{6}=1$.

解析:原方程可化为$\frac{x}{4}+\frac{1}{2}-\frac{x}{3}+\frac{1}{2}=1$,即$\frac{x}{4}-\frac{x}{3}=0$.$\therefore$ $x=0$.

三、运用分数的基本性质

例 3 解方程:$\frac{4x-1.5}{0.5}-\frac{5x-0.8}{0.2}=\frac{1.2-x}{0.1}$.

解析:原方程可化为 $8x-3-25x+4=12-10x$.解得 $x=-\frac{11}{7}$.

四、由外向内去括号

按照传统解法,应该是由内向外去小括号,然后去中括号、大括号,但有时反其道而行之却可以捷足先登.

例4 解方程：$\frac{3}{2}\left[\frac{2}{3}\left(\frac{x}{4}-1\right)-2\right]-x=2.$

解析：先去中括号，得$\left(\frac{x}{4}-1\right)-3-x=2$，再去小括号，得$\frac{x}{4}-1-3-x=2$.解得 $x=-8$.

五、整体处理法

例5 解方程：$3\{2x-1-[3(2x-1)+3]\}=5.$

解析：把"$2x-1$"看作一个整体，去大括号、中括号，得 $3(2x-1)-9(2x-1)-9=5$.合并，得$-6(2x-1)=14$.解得 $x=-\frac{2}{3}$.

例6 解方程：$x-\frac{1}{3}\left[x-\frac{1}{3}(x-9)\right]=\frac{1}{9}(x-9).$

解析：把"$x-9$"看作一个整体，去中括号，得 $x-\frac{1}{3}x+\frac{1}{9}(x-9)=\frac{1}{9}(x-9)$，即 $x-\frac{1}{3}x=0$.$\therefore\quad x=0$.

六、拆项与凑项

例7 方程$\frac{x-a-b}{c}+\frac{x-b-c}{a}+\frac{x-c-a}{b}=3$，并且 $abc\neq0$，那么 $x=$__________.

解析：注意到等式左边三个分式的分子中"缺少"的字母正是它们的分母，将3拆成1+1+1，移项后分别和三个分式结合，原方程可化为$\frac{x-a-b-c}{c}+\frac{x-a-b-c}{a}+\frac{x-a-b-c}{b}=0$，即$(x-a-b-c)\left(\frac{1}{a}+\frac{1}{b}+\frac{1}{c}\right)=0$.$\because\quad abc\neq0$，$\therefore\quad a\neq0,b\neq0,c\neq0$，$\therefore\quad\frac{1}{a}+\frac{1}{b}+\frac{1}{c}\neq0$，$\therefore\quad x-a-b-c=0$，故 $x=a+b+c$.

农妇卖鸡蛋问题与“倒推法”

18 世纪最杰出的数学家欧拉,曾提出过这样一个有趣的问题:

一位农妇卖鸡蛋.第一次卖去全部的一半又半个;第二次卖去剩下的一半又半个;第三次还是卖去剩下的一半又半个;第四次仍然卖去剩下的一半又半个,而且这次恰好全部卖完.问:农妇原来有多少个鸡蛋?

解法 1:设农妇原来有 x 个鸡蛋.第一次卖过后剩下 $x-\frac{1}{2}x-\frac{1}{2}=x-\frac{1}{2}(x+1)$ 个;第二次卖过后剩下 $x-\frac{1}{2}(x+1)-\frac{1}{2}\left[x-\frac{1}{2}(x+1)\right]-\frac{1}{2}=x-\frac{3}{4}(x+1)$ 个;第三次卖过后剩下 $x-\frac{7}{8}(x+1)$ 个;第四次卖过后剩下 $x-\frac{15}{16}(x+1)$ 个.依题意,得 $x-\frac{15}{16}(x+1)=0$.解之,得 $x=15$.

据说,欧拉本人当时采用的是如下的“倒推法”.

解法 2:不难看出,第三次卖过后农妇剩下 1 个鸡蛋,第二次卖过后剩下 3 个(为什么?),第一次卖过后剩下 7 个,开始卖之前农妇有 15 个鸡蛋.这就是答案.

有些涉及分配、互赠物品和购物付款的应用题,使用倒推法往往比较简便.

例 1　老师把一叠书分给 A、B、C、D、E 五个学生,先将其中一半分给 A,接着把剩下的$\frac{1}{4}$分给 B,再把余下的$\frac{1}{3}$分给 C,最后 D 与 E 平分.若 E 得到 6 本,则老师的这一叠书原先共有________.

解析:最后 E 得到 6 本,是分给 B 之后、分给 C 之前书本数量的$\frac{1}{3}$,这时有书本 $6\div\frac{1}{3}=18$(本).18 本是分给 A 之后、分给 B 之前书本数量的$\frac{3}{4}$,此时的书本数

为 $18 \div \frac{3}{4} = 24$(本).这 24 本又是分给 A 之前书本数量的$\frac{1}{2}$.由此可见,老师的这一叠书原先共有 48 本.

例 2 有甲、乙、丙三个箱子,各箱装有若干个乒乓球,先由甲箱取出一批球放进乙、丙箱,所放之数分别是乙、丙现有之数;再由乙箱取出一批球放进甲、丙箱中,所放之数分别是甲、丙现有之数;最后,按同样规则将丙箱中的一批球放进甲、乙箱中,结果甲、乙、丙箱中的球数恰好都是 32 个.问:甲、乙、丙箱开始时各有多少个球?

解析:在最后一步(丙分球给甲、乙)之前的那一刻:甲有$\frac{1}{2} \times 32 = 16$(个),乙有$\frac{1}{2} \times 32 = 16$(个),丙有 $32+16+16=64$(个).再倒推回乙将要分球给甲、丙但还未分的那一刻:甲有$\frac{1}{2} \times 16 = 8$(个),丙有$\frac{1}{2} \times 64 = 32$(个),乙有 $16+8+32=56$(个).于是可推得,一开始甲还未分球给乙、丙时,乙有$\frac{1}{2} \times 56 = 28$(个),丙有$\frac{1}{2} \times 32 = 16$(个),甲有 $8+28+16=52$(个).这就是要求的结果.

现在,我们再回过头来看欧拉问题.如果我们能从古代"借马分马"的传说中得到启发,还可以得到下面比较简捷的解法.

解法 3:假设先借给农妇一个鸡蛋,这样,她每次只需卖掉一半的鸡蛋就与原题要求卖出的一样多了.直到第四次卖掉一半后剩下一个还给别人就行了.由于她的鸡蛋数能被 2 连续整除 4 次,所以,她原来共有鸡蛋 $2^4-1=15$(个).

"借马分马"是一种重要的解题思路.为了使大家进一步熟悉它,请仿照解法 3 求解下面的"李政道问题",答案是 3121,1020.

5 只猴子分一堆桃子,怎么也不能平均分成 5 份,只好先去睡觉,准备第二天再分.夜里,一只猴子偷偷爬起来,先吃掉一个桃子,把剩下的平均分成 5 份,藏起自己的一份后去睡觉了.随后,第二只猴子又爬起来,也是先吃掉一个桃子,把剩下的平均分成 5 份,藏起自己的一份后去睡觉了.以后的 3 只猴子都先后照此办理,问:最初至少有多少个桃子?最后至少剩下多少个桃子?

辅助未知数与应用题

在解一些比较复杂的应用题时，为了推导列方程所需的代数式，使若明若暗的等量关系进一步明朗化，除了直接或间接设出未知数，还要引入其他的未知数.这些增设的未知数只在列方程时起牵线搭桥作用，在并项、约简的过程中可以完全消去，而不需要求出它们的值.根据这一特征，我们通常将其称为辅助未知数.下面略举几例说明它的应用.

例1 今有一船，拖一木排逆水而上，由于绳子断了，木排顺水而下，过了一段时间，船上的人发现丢了木排，立即掉头追赶，过了 5 分后追上.问：拖绳断开多长时间后，船上的人才发现丢了木排？

解析：木排随水漂流，它的速度为水速.船逆水而上，便是船在静水中的速度减去水速.我们不知道水速，也不知道船在静水中的速度，因此需要借助于辅助未知数.设拖绳断开到船上的人发现丢失木排共经过了 x 分，船在静水中的速度为 a 米/分，水流速度为 b 米/分.依题意，得$(a-b)x+bx+5b=5(a+b)$，即 $ax=5a$，$\therefore \quad x=5(a\neq 0)$.

由求出的结果可以看出，它恰好等于掉头追赶的时间.这是偶然的巧合吗？并非如此.实际上，船与木排处在同一运动系统中，即水流对于船与木排是共同的，从拖绳断开到追上的每一时刻，船与木排的距离不依水速的大小或者流与不流而改变，因此，从拖绳断开到船上的人发现所用的时间与发现到追上所用的时间是相等的.如果注意到这一点，那么答案便唾手可得了.

例2 在一次洪灾中，多名落水儿童抱着木头在河中漂流.在 A 处遇到逆水而上的救援快艇，但因雾大未被发现，1 小时后快艇获悉此事，随即掉头追救，求快艇从获悉此事到追上落水儿童用了多长时间.

仿照例 1,不难求得本例的答案为 1 小时.

例 3 从两块分别重 20 千克和 30 千克且含铜百分比不同的合金上切下重量相等的两块,把所切下的每一块和另一块切后剩余部分加在一起,熔炼后两者含铜的百分比恰好相等,问:所切下的重量是多少?

解析:设所切下的重量为 x 千克,又设 20 千克,30 千克重的合金块含铜的百分比分别为 p,q,依题意,有$\frac{p(20-x)+qx}{20}=\frac{q(30-x)+px}{30}$.整理,得$(p-q)\left(\frac{x}{20}+\frac{x}{30}\right)=p-q$.而 $p-q\neq 0$.$\therefore \quad x=12$.

例 4 某校八年级有甲、乙、丙三个班.甲班比乙班多 4 名女同学,乙班比丙班多 1 名女同学.如果把甲班的第一组调到乙班,乙班的第一组调到丙班,丙班的第一组调到甲班,则三个班的女同学人数恰好相等.已知丙班第一组中共有 2 名女同学.问:甲、乙两班第一组各有几名女同学?

解析:若设丙班原有 n 名女同学,甲、乙两班第一组分别有 x 名,y 名女同学,则乙班原有$(n+1)$名女同学,甲班原有$(n+5)$名女同学.根据调动后三个班女同学人数恰好相等这一等量关系,不难列出方程:$(n+5)-x+2=(n+1)-y+x=n-2+y$,即$7-x=1-y+x=y-2$.进而解得 $x=5,y=4$.

例 5 奥尔沿着向上移动的自动扶梯从顶朝下走到底,走了 150 级,他的朋友鲍勃沿着自动扶梯从底朝上走到顶,走了 75 级.如果奥尔的行动速度(以单位时间走多少级计算)是鲍勃速度的 3 倍,那么在任何时间可以看到的自动扶梯的级数是多少(假定这个数是常数)?

这曾经是美国数学邀请赛的一道试题,请同学们自己解答,答案是 120.

“鸡兔同笼”问题

《孙子算经》中有一道妇孺皆知的题目:“今有雉兔同笼,上有三十五头,下有九十四足,问:雉兔各几何?”

这个被称作“鸡兔同笼”的问题,引起了古今中外人们的浓厚兴趣,人们给出了多种有趣的解法.基本思想是假设尝试,探求答案.其中的列表法在小学数学课本中已有详细介绍,这里不再赘述.

《孙子算经》中给出的算术解法:假设这 35 只都是兔子(也可以都是鸡),那么 35 只兔子应有 140 只足,但现在只有 94 只足,为什么会多出 46 只足?这是因为多假设了 23 只兔子,实际上有兔子 12 只,鸡 23 只.

国外数学家们的算术解法:设想发生了一种奇怪的现象,所有的鸡都来个“金鸡独立”,同时所有的兔子都只用 2 只后足站立.那么这时着地的足数为 47,与头数 35 相差 12,这是因为鸡的头数与足数一一对应,而兔子着地的足数比“金鸡独立”的足数多 12,所以有兔子 12 只,鸡 23 只.

张景中院士曾给出如下的解法:把鸡的两只翅膀姑且当作它的足,总共应有足数 $35\times4=140$(只),但实际只有 94 只足,充数的翅膀有 $140-94=46$(只),由此可知有鸡 23 只,兔子 12 只.

我们还可以假设把兔腿砍去一半,那么鸡腿就和兔腿一样多,都有 2 条,35 个头就一共有腿 $35\times2=70$(条),其实一共有腿 94 条,由此可知一共砍去的腿数为 $94-70=24$(条),每一只兔子被砍去 2 条,所以兔子一共有 $24\div2=12$(只),鸡有 $35-12=23$(只).

上述诸种解法可谓不落俗套,妙趣横生.进一步反观题目的显性条件(鸡的头数+兔的头数=35,鸡的腿数+兔的腿数=140)和隐性条件(兔的腿数=鸡的腿数的2倍).反思解题过程,除了中国古老的算术解法,其他的几种解法的巧妙之处就在于充分运用了隐性条件.就这一点来说,中国古老的算术解法与其他的几种解法相比,就更具有一般性和普适性.

接下来,我们再看一个中国古老的算术问题:

一百馒头一百僧,大僧一人吃三个,小僧一个馒头三人分,问:大僧小僧各几人?

对于这个问题,我们用上述中国古老的算术解法来求解.假定100个人都是大僧,每人吃3个馒头,那就要300个(3×100),$300-100=200$,不是明明差了200个吗?这如何是好呢?只得到小僧的馒头上去揩油了.一个大僧调换成一个小僧,有多少油可揩呢?不多不少恰好$\frac{8}{3}$个(大僧每人吃3个,小僧每人吃$\frac{1}{3}$个,$3-\frac{1}{3}=\frac{8}{3}$),若要问须得揩上多少小僧的油,其余的大僧才可以每人吃上3个馒头,那么$200\div\frac{8}{3}=75$(个),这便是小僧的数目,$100-75=25$(个),这就是每人有3个馒头吃的大僧的数目了.

回过头来看,求解"鸡兔同笼"问题,代数解法比算术解法更具有一般性.在算术解法中,只对已知数实施运算,而在代数解法中,设出未知数,列出方程以后,未知数就与已知数一道以同样的角色参与运算,使得求解更加简捷明快.

列一元一次方程的解法:设鸡的只数为x,则兔子的只数为$35-x$,依题意,得$2x+4(35-x)=94$,解得$x=23$,则$35-x=12$.

列二元一次方程组的解法:设鸡有x只,兔子有y只,依题意,得
$\begin{cases}x+y=35,\\2x+4y=94.\end{cases}$解之,得$\begin{cases}x=23,\\y=12.\end{cases}$

对于上面的"百僧百馒头"问题,可设大僧、小僧分别有x人,y人,依题意,得
$\begin{cases}x+y=100,\\3x+\frac{1}{3}y=100.\end{cases}$解得$\begin{cases}x=25,\\y=75.\end{cases}$

与方程(组)有关的两个古代小故事

“宇宙之大,粒子之微,火箭之速,化工之巧,地球之变,生物之谜,日用之繁,无处不用数学.”我国当代著名数学家华罗庚的这句名言,精辟地阐述了数学应用的广泛性.数学来源于生活,反过来又应用于生活.在现实生活中,应用数学的例子无时不在,无处不见.实际上,我们的祖先早就知道应用数学知识来解决实际问题了.请看两个小故事.

故事一:巧选官员.

唐代有位高官叫杨损,很有学问,会算学,任人唯贤.一次,朝廷要在两个小官吏中提拔一个,因为这两个人的政绩不分上下,所以负责选拔的官员感到很为难,便去请示杨损.

杨损略加思索,便说:“他们都曾在国子监学过《九章算术》,一个官员应该具备的一大技能就是速算,让我出题考考他们,谁算得快就提拔谁.”

两个小官吏被召来后,杨损当众出了这样一道题:“有人在树林中散步,无意中听到几个强盗在商量如何分赃.他们说,如果每人分 6 匹布,则余 5 匹;如果每人分 7 匹布,则少 8 匹.那么你们来算算,一共有几个强盗? 几匹布?”

两个小官吏分别在大厅的一个条几上用竹筹计算,颇费一番功夫后,其中的一个率先得出了答案:13 个强盗,83 匹布.杨损点头表示赞许,于是他被提拔了.

对于这个决定,在场的人也都心悦诚服.

故事中问题的特点是给出了两种分配方案,一种方法分不完,另一种方法不够分,我国古代的《九章算术》一书中收集了很多这样的故事,并把它们列为一章,标题是“盈不足”,还介绍了这类问题的解法.

其实,这个问题用代数方法很容易求解.若设有 x 个强盗,可列一元一次方程

$6x+5=7x-8$,解得 $x=13$,则 $6x+5=83$,即为布匹数.若设有 y 匹布,可列方程为$\frac{y-5}{6}=\frac{y+8}{7}$,整理、化简,得 $y=83$,强盗数为$(83-5)\div6=13$(个).若列二元一次方程组求解,可设有 x 个强盗,y 匹布,依题意,得$\begin{cases}y=6x+5,\\y=7x-8,\end{cases}$解得$\begin{cases}x=13,\\y=83.\end{cases}$

故事二:康熙计算牛马价.

据有关史料记载,清朝的康熙皇帝不仅刻苦学习数学,而且还亲自校阅译成汉文和满文的西方数学著作.康熙皇帝有一次微服南巡,在扬州城一个集市上遇见两位公差和几个卖牲口的伙计正在争执.

只听伙计们苦苦央求两位公差:“两位大爷,按我们之前讲好的价钱,你们一个买 4 匹马、6 头牛,共 48 两银子;一个买 3 匹马、5 头牛,共 38 两银子.加起来,一共是 86 两银子.可两位大爷只给 80 两,还少 6 两,我们可亏不起这么多呀!”

但两位公差不仅不给银子,反而瞪眼呵斥,赶起牛、马就要走.

正在这时,身着便服的康熙走到公差面前说:“买卖公平,这是天经地义之事,一匹马、一头牛都有个价,该付多少银子就付多少,怎么能仗势欺人呢?”

公差见此人竟敢当众管教他们,大怒道:“你找死呀!你知道一匹马、一头牛是什么价?少管闲事!”

康熙微微冷笑,略加思索,便说:“我事先是不知道,但可以算出来.马每匹价 6 两,牛每头价 4 两.”

伙计们和围观的人一听,无不暗暗称奇,而两位公差却恼羞成怒,上前就要对康熙动手动脚.正在此时,康熙把随身携带的玉玺(古时皇帝的大印)掏了出来,公差一看,方知皇帝驾到,吓得魂飞魄散,连忙跪下求饶.

尽管我们不知道康熙皇帝是怎样算这道题的,不过用二元一次方程组是很容易求解的.请同学们自己完成.

比较系数法在多项式变形中的应用

例1　计算：$(2x^3+9x^2+3x+5)\div(x^2+4x-3)$.

显然，我们可以用列竖式的方法求出商式和余式.但若注意到关系式

被除式=除式×商式+余式

也能用下面的方法求解.

解析：$\because$　$2x^3+9x^2+3x+5$ 的最高次项系数是 2，$\therefore$　设商式是 $2x+a$，余式是 $bx+c$，如何确定字母系数 a,b,c 呢？由 $2x^3+9x^2+3x+5=(x^2+4x-3)(2x+a)+(bx+c)=2x^3+(a+8)x^2+(4a+b-6)x+(c-3a)$，比较同次项的系数，得 $\begin{cases}a+8=9,\\4a+b-6=3,\\c-3a=5.\end{cases}$ 解之，得 $\begin{cases}a=1,\\b=5,\\c=8.\end{cases}$ 故商式 $=2x+1$，余式 $=5x+8$.

这里我们运用了如下结论：如果两个多项式恒等，那么它们的次数相等，同次项的系数都相等.反过来也对.上述解法的一般步骤是：先设出所求结果的某种确定形式，其中含有待定字母系数，然后通过比较同次项的系数列出方程组，进而解出待定系数，或者消去它们得到原系数之间的关系.我们形象地称这种方法为比较系数法，它在多项式的运算、求值和因式分解等方面有着广泛的应用.请再看几个例子.

例2　若 $xy-x-y-4=0$，则 $A=(xy-1)^2-2x^2y-2xy^2+x^2+y^2+6xy-2x-2y$ 的值等于__________.

解析：想要求出 x,y，代入求值无疑是一条死胡同.如果将已知等式变形为 $xy-$

$x-y=4$,把 A 表示成 $xy-x-y$ 的降幂形式,然后整体代入,问题即可获解.设 $A=(xy-x-y)^2+a(xy-x-y)+b=x^2y^2-2x^2y-2xy^2+x^2+y^2+(a+2)xy-ax-ay+b$.比较系数,不难看出,$a=2$,$b=1$.$\therefore$ $A=(xy-x-y)^2+2(xy-x-y)+1=(xy-x-y+1)^2=25$.

例 3 若多项式 $2x^4-3x^3+ax^2+7x+b$ 能被 x^2+x-2 整除,则 $\frac{a}{b}$ 的值是 ( )

A. -2　　B. -12　　C. 6　　D. 4

解析:设 $2x^4-3x^3+ax^2+7x+b=(x^2+x-2)(2x^2+mx+n)=2x^4+(m+2)x^3+(m+n-4)x^2+(n-2m)x-2n$.比较系数,解之,得 $a=-12$,$b=6$,故应选 A.

例 4 分解因式:$(x+1)(x+2)(x+3)-6\times7\times8=$______.

解析:仔细观察构成多项式的"两大块",不难看出,当 $x=5$ 时,原式的值等于0.这就是说,它含有因式 $x-5$.又因为原式是关于 x 的三次多项式,x^3 项的系数是1,常数项是 -330,所以它的另一个因式一定具有 $x^2+ax+66$ 的形式,剩下的问题是如何确定 a 的值.设原式 $=(x-5)(x^2+ax+66)$.令 $x=-1$,则有 $-336=-6(1-a+66)$.解得 $a=11$,故原式 $=(x-5)(x^2+11x+66)$.

如果令 $x=0$ 或 $x=1$ 行吗?为什么?

例 5 m 为何值时,$x^2-y^2+mx+5y-6$ 能够因式分解?写出因式分解的结果.

解析:$\because$ $x^2-y^2=(x+y)(x-y)$,$\therefore$ $x^2-y^2+mx+5y-6$ 如果可以因式分解,那么它的两个因式一定是 $x+y+a$ 和 $x-y+b$ 的形式.设 $x^2-y^2+mx+5y-6=(x+y+a)(x-y+b)=x^2-y^2+(a+b)x+(b-a)y+ab$.比较系数,得

$\begin{cases}a+b=m,\\ b-a=5,\\ ab=-6.\end{cases}$ 解之,得 $\begin{cases}m_1=1,\\ a_1=-2,\\ b_1=3;\end{cases}$ $\begin{cases}m_2=-1,\\ a_2=-3,\\ b_2=2.\end{cases}$ $\therefore$ 当 $m=1$ 时,$x^2-y^2+x+5y-6=(x+y-2)(x-y+3)$;当 $m=-1$ 时,$x^2-y^2-x+5y-6=(x+y-3)(x-y+2)$.

想一想,从 $y^2-5y+6=(y-2)(y-3)$ 入手因式分解可以吗?同学们不妨试一试.

爱因斯坦的"帽子问题"

"什么是成功的秘诀？$A=X+Y+Z$.A 代表成功，X 代表艰苦劳动，Y 代表正确方法，Z 代表少说废话."

这个公式是由阿尔伯特·爱因斯坦提出的.1879 年 3 月 14 日，爱因斯坦生于德国阿尔卑斯山麓、多瑙河岸边的乌尔姆城.他小时候很孤僻，四五岁还说不出一句完整的话.上学后，由于反应迟钝，爱因斯坦经常被老师呵斥、罚站，遭受到挖苦和嘲笑.但他酷爱数学，在叔父雅格布的指导下，13 岁就开始自学初等几何，15 岁就能读懂解析几何和微积分.

1895 年春，学校勒令他退学，理由是"只要你待在教室里，就足以破坏对老师的尊敬".经过两次努力，1896 年，爱因斯坦终于考上瑞士苏黎世联邦工业大学.毕业后，直到 1902 年，他才在伯尔尼联邦专利局找到一份工作.工作很轻松，但规定上班时间不能做别的事情.他只好把书放在抽屉里看，一旦局长走过来，就把肚子一挺，推上抽屉，如图 1.他组织了一个"奥林匹亚学派"，和一些志同道合的朋友在一起研读哲学、数学、物理等方面的著作.1905 年，爱因斯坦获得哲学博士学位，并发表论文《论动体的电动力学》，创立了狭义相对论.相对论改变了人类对宇宙的观点，开辟了物理学的新纪元.1913 年，他被聘为柏林威廉皇家物理研究所所长，兼柏林大学教授，并任普鲁士科学院院士.1916

图 1

年,爱因斯坦又创立了广义相对论.由于他对光电定律和理论物理方面的卓越贡献,被授予1921年诺贝尔物理学奖.这时相对论仍然是争论的焦点,因而授奖决议中没有提到相对论.1955年4月18日凌晨,爱因斯坦在普林斯顿逝世.

爱因斯坦不仅是一位伟大的物理学家,而且在数学上也多有研究,经常给出一些数学趣题让朋友们回答.下面的"帽子问题"就是其中之一.

有一个土耳其商人,想找一个聪明能干的助手.消息传出后,有甲、乙两人前来应聘.这个商人为了决定取舍,把他们带进一个伸手不见五指的房间.商人打开电灯说:"桌子上有五顶帽子,两顶是红色的,三顶是黑色的.现在,我把灯关掉,并把帽子摆的位置搞乱,然后我们三人各自摸一顶帽子戴在头上,剩余两顶我会藏起来.当我把电灯打开时,你们要在不准看自己头上戴的帽子的情况下,尽快说出自己头上戴的帽子的颜色."

说完之后,商人就关灯,随后,三个人各自摸了一顶帽子戴在头上.同时,商人把余下的两顶帽子藏了起来.待这一切完成之后,商人重新开灯.甲、乙两人看到商人头上戴的是一顶红色的帽子,他们互相对视,都不作声,过了一会儿,甲喊道:"我戴的是黑帽子!"

甲是如何得出结论的呢?他的结论正确吗?

其实,只需根据已知条件运用逻辑推理的基本原理老老实实进行推理,结果就出来了.

题目的条件是:总共有两顶红帽子、三顶黑帽子,商人戴了一顶红帽子.甲看见商人戴的是红帽子,乙呢?要么戴的是红帽子,要么是黑帽子.若是红帽子,那么甲就可以报出答案,即自己戴的是黑帽子,就不会有题目里面"他们互相对视,都不作声"的说法,也不会有甲"过了一会儿"喊出答案的情况,所以否定这一可能.若是乙戴黑帽子,甲猜不出自己戴什么颜色的帽子,因为戴着红帽子和黑帽子的可能性都存在.这时就需要看乙的表情,我们从题目中可以知道乙不作声,显然乙也不知道他自己戴的是什么颜色的帽子,于是甲马上断定自己头上戴的不是红帽子,所以甲抢先一步报出自己戴的是黑帽子.

大家明白了吗?在上述推理中,我们不仅需要观察别人头上帽子的颜色,还需要从别人看到其他人头上的帽子后的表情、表现来推断出自己头上帽子的颜色.

参考文献

[1]吴文俊.中国数学史大系:1~10卷[M].北京:北京师范大学出版社,2003.

[2]周述岐.数学思想和数学哲学[M].北京:中国人民大学出版社,1993.

[3]张景中.数学与哲学[M].北京:中国少年儿童出版社,2003.

[4]张景中.新概念几何[M].北京:中国少年儿童出版社,2002.

[5]张景中.帮你学数学[M].北京:中国少年儿童出版社,2002.

[6]张景中.数学家的眼光[M].北京:中国少年儿童出版社,2003.

[7]刘薰宇.数学的园地:第8版[M].上海:开明书店,1948.

[8]刘薰宇.数学趣味:第8版[M].上海:开明书店,1949.

[9]刘薰宇.马先生谈算学:第4版[M].上海:开明书店,1947.

[10]周明儒.走近高斯[M].北京:高等教育出版社,2010.

[11]李大潜.圆周率π漫话[M].北京:高等教育出版社,2007.

[12]项武义.几何学在文明中所扮演的角色[M].北京:高等教育出版社,2009.

[13]徐诚浩.同余式及其应用[M].北京:高等教育出版社,2009.

[14]郭静静.初中数学读本:七年级上册[M].北京:北京师范大学出版社,2012.

[15]《京师读本系列》编写组.初中数学读本:七年级下册[M].北京:北京师范大学出版社,2017.

[16]杨建.初中数学读本:八年级上册[M].北京:北京师范大学出版社,2012.

[17]《中小学学科文化丛书》编写组.数学读本:七年级上[M].北京:北京教育出版社,2015.

[18]《中小学学科文化丛书》编写组.数学读本:七年级下[M].北京:北京教育出版社,2015.

[19]《中小学学科文化丛书》编写组.数学读本:八年级上[M].北京:北京教育出

版社,2015.

[20]陈守义.数学家的性格、思想与功绩[M].北京:北京师范大学出版社,1990.

[21]吴文俊.《九章算术》与刘徽[M].北京:北京师范大学出版社,1982.

[22]李文林.数学珍宝:历史文献精选[M].北京:科学出版社,1998.

[23]李文林.数学史概论:第2版[M].北京:高等教育出版社,2002.

[24]吴文俊.世界著名科学家传记数学家 I[M].北京:科学出版社,1994.

[25]史宁中.基本概念与运算法则:小学数学教学中的核心问题[M].北京:高等教育出版社,2013.

[26]陈景润.初等数论[M].北京:科学出版社,1978.

[27]曹松峰.开放的初中数学[M].桂林:广西师范大学出版社,2006.

[28]曹松峰,任秀珍.趣话新课改[M].郑州:大象出版社,2006.

[29]曹松峰.细节体现理念:新课程教学片段评析[M].北京:北京师范大学出版社,2007.